KB218113

사건과 비유 중심 구역공과 <신약편>

은혜와 나눔이 있는 구역예배

21세기구역공과편찬위원회

좋은 책으로 하나님의 사람을 만들어 가는

엘맨

사건과 비유 중심 구역공과 <신약편>

은혜와 나눔이 있는 구역예배

공과를 내면서

구역식구 여러분. 한 해를 잘 보내셨는지요?

지난 해는 구약성경의 사건들을 주제로 구역예배를 보람 있게 보내셨겠지요? 벌써 들판에는 이삭들이 한 여름의 햇볕을 듬뿍 받고 서 있고, 곡식을 여물게 하려는 한 줌의 바람이 이삭들을 쓸어 주는 초가을의 풍경이 펼쳐지는 계절입니다. 또 우리는 한 해를 내려가면서 또오는 한 해를 준비하기 위해 귀한 시간을 사용해야 하겠지요.

우리 삶의 과정에서 영혼을 살찌우는 일은 무엇보다도 중요합니다. 신앙의 기초를 든든히 하는 일, 믿음의 기둥을 세우는 일, 그리고 바람이 불어도 날아가지 않을 지붕을 씌우는 일, 이 모든 것이 예배와 교육으로 이루어집니다. 구역예배는 글자 그대로 구역식구들이 모여서 하나님께 예배드리는 시간입니다. 그런 가운데 말씀을 읽고, 듣고, 마음에 새기게 됩니다. 그러기에 기독교의 예배는 그 자체가 교육입니다. 그리고 예배와 함께 구역이 모여서 성도의 교제를 나누는 귀한 공동체적 시간입니다. 이 시간을 통하여 우리의 믿음과 신앙생활이 성장하고 발전하는 것입니다. 그런고로 우리는 구역예배의 모임에 소홀히 해서는 안 될 것입니다.

올해의 구역공과는 신약성경의 예수님의 비유들을 모아서 읽기만 해도 비유의 말씀을 알기 쉽도록 구성하여 보았습니다. 또다시 한 식구가 되어 하나님의 말씀을 나누고, 주님의 사랑을 함께 나누는 시간을 갖게 됨을 감사드리며, 하나님의 은혜 속에서 믿음이 성큼성큼 자라나기를 기도드립니다. 우리 모두에게 맡겨진 목장이 푸른 초장이 되기를 바랍니다.

2009년 가을에

21세기구역공과편찬위원회

차 례

새롭게 시작하는 삶

제1과
맛을 내는 사람

성경 : 마 5:13
찬송 : 212, 204

"너희는 세상의 소금이니 소금이 만일 그 맛을 잃으면 무엇으로 짜게 하리요 후에는 아무 쓸 데 없어 다만 밖에 버려져 사람에게 밟힐 뿐이니라."(마 5:13)

소금은 사람이 살아가는 데 없어서는 안 될 중요한 물질입니다. 소금은 맛을 내고, 방부제의 역할을 하며, 고르게 하는 역할을 합니다. 소금은 우리가 생각하는 것 이상으로 다양한 용도로 쓰입니다. 우선 우리의 몸 안에 들어가서 살균 작용이나 소화 작용을 돕고, 피와 섞여서 몸 구석구석까지 돌면서 대사를 촉진하기도 하고, 삼투압 작용에 의하여 균형을 유지시켜 줍니다. 예수님은 이렇게 중요한 소금의 역할을 해야 하는 사람들이 바로 우리들이라고 말씀하십니다. 오늘은 우리가 소금과 같은 사람이 되려면 어떻게 해야 하는가를 생각해 보도록 하겠습니다.

1. 소금은 짠맛이 나야 합니다

소금의 생명은 짠맛에 있습니다. 소금은 위에서 말씀드린 세 가지의 기능, 맛을 내게 하고, 방부제의 역할을 하고, 죽이는 역할을 한다고 해도 짠맛이 없으면 소금은 더 이상 소금이 아닙니다. 그렇게 되면 소금의 역할을 할 수가 없습니다. 바닷물이 저절로 소금이 되는 것이 아닙니다. 바닷물에는 보통 3%의 소금이 들어 있다고 합니다. 이 바닷물을 염전에 가두어서 햇볕과 바람으로 수분을 증발시켜 소금을 만듭니다. 이렇듯 짜고 좋은 소금이 되려면 뜨거운 햇빛과 바람이 있어야 합니다. 뜨거운 햇빛과 세찬 바람을 맞는 과정을 거쳐서 불순물이 제거되어야 비로소 짠맛을 내는 소금이 만들어지는 것입니다.

예수를 믿는 성도들도 마찬가지입니다. 우리가 세상에서 소금과 같은 사람이 되어서 소금의 제 맛을 내려면 뜨거운 햇빛과 세찬 바람과 같은 말씀과 성령 충만의 과정을 거쳐야 합니다. 말씀과 성령으로 훈련받고 변화되어야 세상에서 그리스도인으로서 제 맛을 낼 수가 있습니다. 하나님의 말씀을 듣고 진리로 무장하고 성령의 바람을 맞고 인간적인 모든 것들은 없애서 깨끗한 사람이 되어야 합니다. 그러할 때에 소금의 역할을 감당할 수가 있습니다.

2. 소금은 접근해야 합니다

소금이 엄청난 잠재성을 가지고 있지만 소금이 그러한 역할을 감당하려면 어딘가에 접촉해야 합니다. 소금의 역할을 하려면 뿌려져야 합니다. 만일 소금 혼자서 가만히 있거나, 소금끼리만 모여 있으면 소금의 맛을 낼 수가 없습니다. 옛말에도 "부뚜막의 소금도 집어넣어야 짜다"고 하지 않습니까? 염전에 산더미처럼 쌓여 있는 소금이나, 그릇에 담겨 있는 소금 그 자체는 아무런 소용이 없습니다. 소금끼리 모여 있는 것은 단지 하나의 식탁 장식에 불과할 뿐입니다. 소금은 맛을 내야 하는 어딘가에 뿌려져야 합니다.

소금과 같은 교인들은 세상 사람들에게 접근해야 합니다. 복음을 필요로 하는 사람들에게 접근을 해서 붙어야 합니다. 이 사회에서 영향을 필요로 하는 사람들에게 접촉해야 합니다. 그들에게 찾아가서 예수를 믿는 믿음과 사랑을 뿌려야 합니다. 예수님이 가르쳐 주신 대로, 말씀대로 살아서 예수를 믿지 않는 사람들에게 말씀이 주는 능력을 나타내 보여서 그들이 스스로 예수의 맛을 볼 수 있도록 뿌려져야 합니다. 그러한 사람이 소금의 역할을 잘 감당하는 사람입니다.

3. 소금은 녹아야 합니다

녹지 않는 소금은 아무런 소용이 없습니다. 소금이 녹지 않아서 형체가 없어지지 않으면 더 이상 소금이 아닙니다. 소금으로서의 가치가 없게 되는 것입니다. 뿐만 아니라 소금은 다 녹아 없어지면서도 제 맛은 항상 지켜갑니다. 본질을 잃지 않습니다. 형체는 없어졌으나 본질은 살아있습니다. 이것이 소금의 특성입니다. 소금은 다른 물체에 영향을 줄지언정, 자기는 영향을 받지 않습니다.

예수를 믿는 사람들이 세상에 나가서 소금의 역할을 하려면 세상과 타협하지 말아야 합니다. 그렇게 되면 자신도 잃어버리고 소금의 맛도 잃게 됩니다.

세상이 어떠하든 간에 저와 여러분은 소금의 맛을 절대로 잃어버려서는 안 됩니다. 우리가 세상에 살기 때문에 세상 사람들과 함께하지만 소금의 본질은 잊어서는 안 됩니다. 모양은 없어져도 소금의 정신과 신앙은 없어져서는 안 됩니다. 오히려 신앙과 소금의 정신은 살아서 움직여야 합니다. 내가 그들을 섬기며 헌신하여 녹아져서 그들을 소금의 맛으로, 그들도 소금의 맛이 나는 사람으로 변화시켜야 합니다.

말씀을 생각하며

1. 오늘의 말씀에서 가장 마음에 남는 말씀은 어떤 말씀입니까?

_____

_____

_____

_____

2. 왜 그 말씀이 마음에 남습니까?

_____

_____

_____

_____

3. 오늘 말씀을 읽고, 나의 신앙생활 속에서 고쳐야 할 점은 무엇입니까?

_____

_____

_____

_____

한 주간의 기도제목

나	
가 정	
교 회	

제2과
빛을 발하는 사람

성경 : 마 5:14-16

찬송 : 336, 502

"사람이 등불을 켜서 말 아래에 두지 아니하고 등경 위에 두나니 이러므로 집 안 모든 사람에게 비치느니라. 이같이 너희 빛이 사람 앞에 비치게 하여 그들로 너희 착한 행실을 보고 하늘에 계신 너희 아버지께 영광을 돌리게 하라."(마 5:14~16)

"너희는 세상의 빛이라"는 말씀에는 두 가지 의미를 내포하고 있습니다. 첫째로 "세상의 빛이라"는 말에는 이 세상이 어두움 속에 있다는 뜻이 있습니다. 둘째로는, "너희는 빛이고, 너희, 즉 그리스도의 제자가 아니면 세상의 빛이 되지 못한다"는 의미를 가지고 있음을 주목해야 합니다.

1. 하나님이 우리를 빛으로 부르셨습니다

이 세상이 창조되기 이전 우주는 암흑 속에 있었습니다. 창 1:2에, "그 땅이 혼돈하고 공허하며 흑암이 깊음 위에 있고 하나님의 영은 수면 위에 운행하시니라." 이 어두움 속에서 하나님께서 빛을 지으셨습니다. 요일 1:5, "우리가 그에게서 듣고 너희에게 전하는 소식은 이것이니 곧 하나님은 빛이시라 그에게는 어둠이 조금도 없으시다는 것이니라." 빛을 지으신 하나님 자신이 빛이십니다.

하나님의 아들이신 예수 그리스도께서도 "나는 빛이라"고 선포하셨습니다(요 9:5). 그리고 그 빛이신 주님께서 우리를 부르셔서 "너희는 세상의 빛이라"고 말씀하신 것입니다. 우리는 원래 빛이 아니었습니다. 예수님 때문에 빛이 된 것입니다. "너희가 전에는 어두움이더니 이제는 주 안에서 빛이라 빛의 자녀들처럼 행하라."(엡 5:8)고 하셨습니다. 주를 믿는 자는 세상을 비추는 빛이 되었습니다.

예수님은 세상을 밝히시는 빛으로 오셨습니다. 그리고 예수님을 따르는 사람은 어두움에 거하지 않고 생명을 얻게 하시려고 하신 것입니다(요 8:12). 우리는 주님으로부터 빛을 받아 어두움에 거하지 않게 되었을 뿐만 아니라, 빛이 되었고, 그 빛의 전달자가 된 것입니다. 우리는 예수 그리스도를 믿음으로 하나님의 성품에 참여하여 그 빛의 일부가 된 것입니다.

2. 하나님이 빛을 비추셨습니다

빛이 비추면 어두움이 쫓겨나고 어두움에 감춰져 있던 모든 문제들이 드러납니다. 예수 그리스도께서 이 땅에 오심으로 인류의 문제가 무엇인지 드러났습니다. 그것은 인간이 자신들을 창조하신 하나님을 떠나 자기 길로 갔기 때문에 발생한 것이었습니다. 하나님은 사람을 지으실 때, 하나님의 형상, 즉 하나님을 아는 지식과 의와 거룩함을 주시고, 하나님과 교제하며 하나님을 찬양하며 살도록 지으셨습니다.

그런데 인간이 범죄하고 타락하여 하나님을 떠나게 됨으로 지금 우리 사회에 만연한 모든 어려움, 죄와 이기주의와 자기중심으로 인한 모든 분쟁과 다툼과 오해와 시기와 질투가 온 세상을 덮게 된 것입니다. 아무리 인류가 가진 과학과 기술이 발달하고 부유해져도, 타락한 인간은 "빛보다 어두움을 더 사랑하고" 선한 것이 무엇인지 알면서도 "원하는 바 선은 행치 아니하고 도리어 원치 아니하는 악을 행하는" 것입니다. 사람의 마음에 선을 좋아하는 본성이 있음에도 불구하고 죄에 빠진 또 하나의 나, 죄악과 정욕에 물든 자아가 죄악에서 벗어나지 못하는 것입니다. 이러한 세상을 향하여 우리는 빛을 발해야 합니다.

3. 우리도 빛을 비추어야 합니다

빛은 자기가 속해 있던 물질에서부터 나와서 어두움을 물리치고 어두움 속에 있던 것들을 노출시킵니다. 빛이 비취면 어두움 속에 있던 모든 것들이 밝히 드러납니다. 그리스도인들은 자기 자신은 아무 것도 아니지만 어두움 속에 숨어 있는 일들을 드러내는 빛이 되어야 함을 깨닫습니다.

빛을 비추기 위해서는 불씨와 기름이 필요합니다. 우리는 등잔의 심지입니다. 하나님의 성령이 불을 붙이신 그 심지가 계속하여 타기 위해서는 영원한 생명의 빛이신 하나님으로부터 기름을 공급받아야 합니다. 그래서 우리는 그 기름이 다하지 않도록 쉬지 말고 간구해야 합니다.

우리는 빛으로서 하나님의 영광을 위해서 살아야 합니다. 다른 사람이 우리가 하는 말을 들을 때, 우리가 행하는 모든 일을 바라볼 때, 그들의 마음에 의문이 생겨야 합니다. '이 사람은 왜 우리와 다를까? 왜 이렇게 살까? 이 사람의 생각과 삶의 목적, 외부의 공격에 대한 반응, 추구하는 목표가 왜 우리와 이렇게 다른 걸까?' 이런 의문을 가지고 우리의 삶을 바라보던 세상이 우리를 하나님의 자녀요, 하나님의 나라를 상속받을 사람이기 때문에 그렇게 사는 것임을 깨닫게 해주어야 합니다. 그럴 때에 우리는 그리스도께서 세상의 빛이신 것같이 우리도 세상의 빛이 되는 것입니다.

말씀을 생각하며

1. 오늘의 말씀에서 가장 마음에 남는 말씀은 어떤 말씀입니까?

_____

_____

_____

_____

2. 왜 그 말씀이 마음에 남습니까?

_____

_____

_____

_____

3. 오늘 말씀을 읽고, 나의 신앙생활 속에서 고쳐야 할 점은 무엇입니까?

_____

_____

_____

_____

한 주간의 기도제목

나	
가 정	
교 회	

제3과
꼭 필요한 사람

성경 : 눅 10:25-36
찬송 : 246, 191

"가까이 가서 기름과 포도주를 그 상처에 붓고 싸매고 자기 짐승에 태워 주막으로 데리고 가서 돌보아 주니라 그 이튿날 그가 주막 주인에게 데나리온 둘을 내어 주며 이르되 이 사람을 돌보아 주라 비용이 더 들면 내가 돌아올 때에 갚으리라 하였으니 네 생각에는 이 세 사람 중에 누가 강도 만난 자의 이웃이 되겠느냐."(눅 10:34~36)

우리는 참으로 짧은 인생을 살고 있습니다. 그래서 우리는 즐겁고 행복하게 살기를 원합니다. 그런데 문제는 그렇지 못하다는 것입니다. 많은 사람들이 불행에 떨고 있습니다. 사방이 막혀 갈 바를 알지 못하는 사람도 많습니다. 누구나 다 문제는 있게 마련입니다. 가정에 문제가 있고, 개인의 문제가 있고, 직장에 문제가 있습니다. 어떤 사람은 인간관계에 치명적인 문제를 안고 살기도 합니다. 심각한 병에 걸린 사람도 있습니다. 의욕은 많은데 돈이 없어서 아무 일도 하지 못하는 사람도 있습니다. 사랑과 인정으로 가득 차도 모자란데 한이 맺혀 있고, 미움이 맺혀 있습니다.

1. 인류는 강도를 만난 자들입니다

어떤 사람이 예루살렘에서 여리고로 내려가다가 강도를 만났습니다. 예루살렘은 거룩한 땅이고, 여리고는 이방인의 땅입니다. 하나님을 떠나 이방으로 내려가다가, 거룩한 땅을 떠나 세상으로 내려가다가 강도를 만난 것입니다.

에덴동산에서부터 우리 인류는 강도를 만났습니다. 사단은 태초부터 우리의 삶의 강도로, 우리 행복의 도둑으로 등장한 것입니다. 그런데 오늘날 많은 사람들이 또 이 강도를 만납니다.

우리가 살면서 알게 모르게 빼앗기는 것이 얼마나 많습니까? 어떤 사람은 일평생 모은 재물을 한순간에 빼앗기기도 합니다. 어떤 사람은 건강을 빼앗깁니다. 어떤 사람은 친구를 빼앗기기도 합니다. 그런데 영적인 강도는 그것만 빼앗아 가는 것이 아닙니다. 그것은 시작일 뿐입니다. 재물이, 건강이, 자녀가 작은 것인 것 같지만 그것을 빼앗아 감으로써 우리에게 더 소중한 믿음을 빼앗아 가고, 소망을 빼앗아 가고, 사랑을 빼앗아 가려고 하는 것입니다.

강도를 만나면 남는 것이 없습니다. 다 빼앗깁니다. 인간성도 믿음도 다 빼앗기는 것입니다. 착한 심성도 다 없어지는 것입니다. 우리는 영적인 강도를 만나지 않도록 기도해야 합니다.

2. 세상에는 우리를 도와 줄 사람이 없습니다

우리가 어려움을 당하면 친구가 절실히 필요합니다만, 어려움을 당하면 친구도 없어지는 것이 세상입니다. 성경은 강도들이 옷을 벗기고, 때려서 거반 죽게 된 것을 버리고 갔다고 했습니다. 그런데 아무도 그를 도와주지 않습니다. 제사장도 지나가고, 레위인도 지나갑니다. 하지만 다 그냥 지나갑니다. 도와주지를 않습니다. 도와줄 방법이 없습니다. 왜냐하면 사람은 가진 것이 없기 때문입니다. 제사장도 가진 것이 없습니다. 레위인도 가진 것이 없습니다. 강도 만난 사람을 싸매 줄 것이 사람에게는 없습니다. 이 사마리아 사람만이 가진 것입니다. 그것은 포도주와 기름입니다. 이것을 가진 분이 누구입니까? 우리 주님입니다. 우리 주님만이 싸매주고, 치료하고, 위로할 수 있는 것입니다. 아무도 저 하늘나라로 태워다 줄 나귀가 없는 것입니다. 이것을 가진 분은 한 분입니다. 십자가 이것 하나뿐인 것입니다.

오늘 이 강도 만난 인류를 살려낼 사람이 누구입니까? 정치가입니까? 과학자입니까? 자기들도 다 죽어 가는데 누가 누구를 살린다는 말씀입니까? 우리의 길은 한 가지입니다. 주님을 만나는 것뿐입니다. 주님이 살리시는 것입니다.

3. 주막집은 영원히 살 곳이 아닙니다

주막집은 나그네가 잠시 쉬는 곳입니다. 사마리아 사람이 "내가 돌아 올 때까지"라고 말씀하셨습니다. 주님이 재림해서 다시 오신다는 말씀입니다. 그때까지 음식을 먹고 가는 곳이 교회입니다. 교회에 찾아온 성도들은 생명의 떡을 먹고 가야 합니다. 소문이 나야 합니다. 교회에 말씀이 소문이 나면 많은 사람들이 찾아옵니다. 와서 맛있는 음식을 배불리 먹고 돌아가는 것입니다.

예수님은 생명의 떡입니다. 예수님은 떡집(베들레헴)에서 나셨습니다. 자기 스스로도 자신은 하늘로 내리는 떡이라고 말씀을 하셨습니다. 이 떡을 먹으면 새 힘이 솟는 것입니다. 다시 나그네의 길을 걸어갈 힘을 얻게 되는 것입니다.

우리는 교회에 오면 살맛이 나야 합니다. 밖에서는 죽을 맛이다가도, 교회에 오면 사는 맛을 즐길 수 있어야 하는 것입니다. 이것이 교회입니다. 터진 상처를 싸매고, 새 힘을 얻어서, 다시는 여리고로 내려가지 말고 천성을 향해 힘차게 한걸음씩 예수님과 함께 걸어가는 여러분이 되시기를 원합니다.

말씀을 생각하며

1. 오늘의 말씀에서 가장 마음에 남는 말씀은 어떤 말씀입니까?

_____

_____

_____

_____

2. 왜 그 말씀이 마음에 남습니까?

_____

_____

_____

_____

3. 오늘 말씀을 읽고, 나의 신앙생활 속에서 고쳐야 할 점은 무엇입니까?

_____

_____

_____

_____

한 주간의 기도제목

나	
가 정	
교 회	

작지만 큰 사람

성경 : 마 13:31-32

찬송 : 287, 240

"또 비유를 들어 이르시되 천국은 마치 사람이 자기 밭에 갖다 심은
겨자씨 한 알 같으니 또 비유를 들어 이르시되 천국은 마치 사람이
자기 밭에 갖다 심은 겨자씨 한 알 같으니."(마 13:31~32)

겨자는 톡 쏘는 맛이 있습니다. 그래서 양념이라든지 향료로 사용
됩니다. 그리고 때로는 약재로 사용되기도 합니다. 잎과 줄기는 먹기
도 합니다. 그런데 겨자씨는 너무 작아서 눈에 잘 띄지도 않습니다.
우리는 무엇을 작다고 할 때 깨알같이 작다고 합니다. 그 깨알보다도
작은 것이 겨자씨입니다. 그러나 겨자씨는 놀라운 생명력을 갖고 있
습니다. 척박한 땅에서도 잘 자라며, 적어도 그 키가 2m, 또 큰 것은
5m 이상으로 자라기까지 합니다.

1. 겨자씨는 모든 씨보다 작습니다

천국은 작은 데서 출발이 되었습니다. 천국은 예수님에게서 시작되
었습니다. 그러나 그 시작은 아주 미미했습니다.

사람들의 눈으로 보기에 예수님은 시골에서 목수 일을 하던 무명의
존재, 곧 겨자씨와 같은 존재에 지나지 않았습니다. 예수님의 제자들
도 마찬가지였습니다. 그 수가 고작 12명에 불과했습니다. 그들은 배
운 것도 없었고, 가진 것도 없었습니다. 사회적인 지위도 높지 않았습
니다. 그런데 예수님이 이런 제자들을 이끌고서 이 땅에 하나님의 나
라를 건설하겠다고 하니까, 그 당시 종교지도자 바리새인들의 눈에는
우스워 보이는 일이었습니다. 그러나 예수님은 "바리새인들이 하나님의
나라가 어느 때에 임하나이까 묻거늘 예수께서 대답하여 이르시되 하나님의
나라는 볼 수 있게 임하는 것이 아니요. 또 여기 있다 저기 있다고도 못하리니

하나님의 나라는 너희 안에 있느니라."(눅 17:20~21)고 하셨습니다.

예수님에게서 하나님의 나라는 이미 시작되었습니다. 그러나 하나님의 나라는 볼 수 있게 임하는 것이 아니라고 했습니다. 왜 그렇습니까? 영적이기 때문입니다. 그러나 예수님이 하신이 말씀은 또 다른 중요한 의미를 가지고 있습니다. 그 당시로서는 백성들의 수가 너무나도 작아 마치 겨자씨처럼 미미했기 때문입니다.

2. 겨자씨는 큰 나무가 됩니다

천국의 시작은 미약합니다. 그러나 점차 확대되어서 나중은 심히 창대하게 되는 것입니다. 사람들이 예수님을 십자가에 못 박았습니다. 겨자씨 한 알이 골고다 언덕 위에 심겨진 것입니다. 사흘 후에 싹이 트고, 쑥쑥 자라기 시작했습니다. 가지를 뻗어 나갔습니다. 그 가지는 예루살렘을 넘어서 온 유대와 사마리아로 뻗어 나갔습니다. 안디옥을 거쳐서 소아시아로 뻗어 나갔습니다. 지중해를 건너서 마게도냐로, 로마까지 뻗어 나갔습니다. 온 유럽을 복음으로 점령했습니다. 그리고 지금은 우리 땅에도 무성하게 성장하고 있습니다. 이것이 바로 복음의 능력이며 천국의 특성입니다.

주 안에서의 수고는 결코 헛되지 않습니다. 하나님이 나에게 어떠한 사명과 직분을 주셨든지 감사한 마음으로 영광스럽게 생각하십시다. 지금 시작은 미약하다 할지라도 하나님의 약속이 있습니다. 소망이 있습니다. 나중은 반드시 창대하게 될 것입니다. 그것이 복음의 능력입니다. 생명력입니다. 천국의 특성인 것입니다.

3. 공중의 새들이 와서 깃들게 됩니다

복음의 씨앗이 뿌려지는 곳마다 그곳에 살고 있는 사람들이 놀라운 혜택을 받습니다. 그 사람이 믿든지 믿지 않든지 간에, 그 사람이 기독교인이든지 아니든지 간에 상관없이 혜택을 받도록 되어 있습니다. 우리나라에도 120년 전에 선교사들에 의해서 복음이 전파되었습니다. 곳곳에 병원과 학교가 생기고, 문맹이 퇴치되기 시작했습니다. 서민들의 인권이 향상되고, 어린 아이와 여성의 권리가 향상되었습니다. 물질적으로도 많은 지원을 받아 이제는 잘 사는 나라가 되었습니다.

나로 인해서 다른 사람들이 복을 누리며 살아가는 존재가 되기를 바랍니다. 사랑을 받기보다 베풀어 주고, 위로 받기보다는 위로해 주고, 섬김을 받기보다는 섬기면서 살아가는 사람이 진정으로 복된 사람일 것입니다.

겨자씨는 지극히 작은 씨앗입니다. 그러나 자란 후에는 나무가 됩니다. 그리고 공중의 나는 새들도 그 가지에 깃들입니다. 우리의 현재 삶이 겨자씨처럼 미미하다 할지라도 낙심하지 마십시다. 우리에게는 소망이 있습니다. 겨자씨 한 알에서 큰 나무를 보시며, 그 가지에서 지저귀는 새들의 노래 소리를 들으셨던 예수님의 소망이 오늘 우리에게도 있게 되기를 바랍니다. 나로 인해서 내 가정과 내 이웃과 주변에 있는 모든 사람들이 복을 누리는 삶들이 다 되기를 바랍니다.

말씀을 생각하며

1. 오늘의 말씀에서 가장 마음에 남는 말씀은 어떤 말씀입니까?

_____

_____

_____

_____

2. 왜 그 말씀이 마음에 남습니까?

_____

_____

_____

_____

3. 오늘 말씀을 읽고, 나의 신앙생활 속에서 고쳐야 할 점은 무엇입니까?

_____

_____

_____

_____

한 주간의 기도제목

나	
가 정	
교 회	

반석 위에 교회를 세우는 삶

제5과
반석 위의 교회

성경 : 마 7:24-27
찬송 : 210, 208

"비가 내리고 창수가 나고 바람이 불어 그 집에 부딪치되 무너지지
아니하나니 이는 주추를 반석 위에 놓은 까닭이요. 나의 이 말을 듣
고 행하지 아니하는 자는 그 집을 모래 위에 지은 어리석은 사람 같
으리니 비가 내리고 창수가 나고 바람이 불어 그 집에 부딪치매 무
너져 그 무너짐이 심하니라."(마 7:24~27)

사람들은 교회는 많은데 교회다운 교회가 없다고 합니다. 교회는
많은데 갈만한 교회가 없다고 합니다. 세상에서 교회의 역할을 제대
로 감당하는 교회가 없다고도 말합니다. 수많은 교회들이 하나님의
생명력을 가지고 그 역할을 감당한다면, 서로가 순수하게 하나님께서
각 교회에게 부여하신 사명과 비전을 제대로 감당한다면 이 세상은
살기 좋은 세상이 될 것입니다. 그렇다면 어떤 교회가 반석 위에 세워
진 든든한 하나님의 교회일까요?

1. 모래 위의 집과 반석 위의 집

요즘 집들을 얼마나 예쁘게 짓는지 모릅니다. 아주 그림 같은 집들
도 많습니다. 그러나 외형적으로 예쁘고 좋아 보인다고 해서 그 집이
좋은 집은 아닙니다. 오늘 본문을 보면 모래 위에 지은 집과 반석 위
에 세워진 집이 나옵니다. 겉으로 볼 때는 어떤 집이 잘 지어진 집인
지 분별하기 힘들 수도 있습니다.

교회들도 마찬가지입니다. 어떤 교회들은 크고, 화려하고, 프로그
램도 훌륭하고, 재정적으로도 풍부하고, 좋은 시설과 많은 성도수를
자랑합니다. 그런데 어떤 교회들은 초라해 보입니다. 성도도 별로 없
습니다. 상가를 얻어서 간신히 예배를 드리는 데에 만족합니다. 일꾼

이 부족하고 인적 자원이 부족하니 다양한 프로그램도 가질 수가 없습니다. 하지만 겉으로 보이는 것만으로는 어느 교회가 하나님이 기뻐하시는 교회인가를 알 수가 없습니다.

그리스도인도 마찬가지입니다. 겉으로 볼 때는 기도도 열심히 하고, 봉사도 열심히 하고, 예배에도 잘 참석합니다. 집사가 되기도 하고, 교사로 섬기기도 합니다. 외형적으로는 그리스도인의 모습을 지니고 있습니다. 그러나 그 외형만으로는 진정한 그리스도인이 누구인지 알 수 없습니다.

2. 반석 위에 세워진 집은 역경에 강합니다

뿌리가 든든히 박혀 있는 나무는 강한 바람에 흔들리지 않습니다. 뿌리를 깊이 박고 있는 나무는 웬만한 가뭄에 말라죽지 않습니다. 이처럼 제대로 된 집과 대충 지어진 집은 장마나 태풍이 몰아치거나, 강추위와 무더위가 오면 알 수 있습니다.

마찬가지로 참된 그리스도인은 어려움 속에서 더 찬란히 드러납니다. 또한 참된 교회인지 아닌지는 그 교회에 역경이 찾아올 때 알 수 있습니다. 든든하게 세워진 교회 공동체는 어려움이 닥쳐오면 함께 기도하고 서로를 위로하고 격려하면서 더욱 든든해집니다. 마치 비온 뒤에 땅이 굳어지듯이 말입니다. 그런데 제대로 되지 못한 교회는 어려움이 찾아오면 서로 비난하고, 나뉘어져서 교회가 금방 두 갈래, 세 갈래로 갈라져 버립니다. 평안할 때나 모든 것이 안정적일 때에는 그 진가를 알 수 없습니다. 그러나 진짜 가치는 어려움과 고통, 위기가 찾아올 때 알 수 있습니다.

다이아몬드를 물에 넣어보면 진짜인지 가짜인지를 알 수 있다고 합니다. 가짜 다이아몬드는 물에 넣으면 그 찬란한 빛이 사라지지만, 진짜 다이아몬드는 그 영롱한 빛이 더욱 찬란하게 빛난다는 것입니다. 진짜는 어려움 속에 들어가 봐야 알 수 있습니다.

3. 반석 위에 세워진 집은 기초가 튼튼합니다

반석의 기초는 하나님의 말씀입니다. 반석 위에 세운 사람은 말씀을 듣고 행하는 자입니다. 우리의 신앙과 우리 교회는 말씀의 기초 위에 든든히 세워져야 합니다. 반석 위에 세워진 든든한 교회가 되기 위해서는 그 기초를 든든히 하는 일에 초점을 맞추어야 합니다. 부지런히 말씀을 읽고, 묵상해야 합니다. 왜냐하면 하나님의 뜻을 알기 위해서는 그 뜻이 분명하게 나타나있는 말씀으로 들어가야 하기 때문입니다. 말씀을 통해서 하나님의 마음을 읽을 수 있습니다. 그리고 그 말씀을 행하는 자가 되어야 합니다. 너무 많이 알고 있지만 행하지 않는 것이 요즘 그리스도인의 문제점입니다. 알기만 하는 그리스도인은 위험한 그리스도인입니다.

사명을 읊어대면서 그 사명과 비전과 상관없이 교회가 이끌려 간다면 문제가 있습니다. 그러므로 그 사명과 비전에 충실한 교회가 되어야 할 것입니다. 비바람이 불고 창수가 나도 끄떡없는 기초가 든든한 교회가 되기를 원합니다.

하나님의 말씀으로 다지고, 하나님으로부터 오는 사명과 비전으로 교회의 기초를 단단히 다지는 성도들이 되기를 바랍니다.

말씀을 생각하며

1. 오늘의 말씀에서 가장 마음에 남는 말씀은 어떤 말씀입니까?

2. 왜 그 말씀이 마음에 남습니까?

3. 오늘 말씀을 읽고, 나의 신앙생활 속에서 고쳐야 할 점은 무엇입니까?

한 주간의 기도제목

나	
가 정	
교 회	

제6과
새 포도주, 새 부대

성경 : 마 9:9-17, 눅 5:36-39
찬송 : 263, 208

> "생베 조각을 낡은 옷에 붙이는 자가 없나니 이는 기운 것이 그 옷
> 을 당기어 해어짐이 더하게 됨이요. 새 포도주를 낡은 가죽 부대에
> 넣지 아니하나니 그렇게 하면 부대가 터져 포도주도 쏟아지고 부대
> 도 버리게 됨이라 새 포도주는 새 부대에 넣어야 둘이 다 보전되느
> 니라"(마 9:16~17)

옛날에는 누구나 천연섬유로 된 천으로 옷을 지어 입었습니다. 면
이나 삼베는 서민들이 입는 옷의 재료였습니다. 면이나 삼베로 옷을
만들면 차차 빛깔이 바래기도 하고, 크기도 줄어들었습니다. 그런 낡
은 옷에는 무릎이나 팔꿈치에 다른 천을 대고 기워 입었습니다. 그런
낡은 옷에 한 번도 빨아본 일이 없는 새 천조각을 덧대면 천조각이
줄어들 때, 낡은 옷이 견디지 못하고 찢어지고 맙니다.

이스라엘 사람들은 포도주를 담글 때 나무통이나 항아리 대신 양가
죽 부대를 사용하기도 했습니다. 그런데 한 번 새 포도주를 담아서 숙
성을 시킨 가죽부대는 다시 새 포도주를 담을 수가 없습니다. 그것은
포도주가 숙성할 때 일정한 가스의 압력을 유지하느라 가죽이 늘어났
기 때문입니다. 다시 새 포도주를 담으면 낡은 가죽 부대는 찢어지고
맙니다.

1. 새 포도주는 새 부대에 담아야 합니다

예수 그리스도는 새 역사를 이루신 주님이십니다. 이제 모든 기준
을 예수 그리스도에게 맞추어야 합니다. 이것은 삶의 방식이 완전히
새롭게 달라져야 함을 의미합니다. 오직 예수 그리스도 중심의 삶으

로 나아가야 합니다. 바울은 "그런즉 누구든지 그리스도 예수 안에 있으면 새로운 피조물이라 이전 것은 지나갔으니 보라 새 것이 되었도다."(고후 5:17)고 말합니다. 믿음으로 우리 주님에게 나아온 순간부터 우리는 전혀 새로운 삶의 방식을 채택하여 살게 됩니다. 그러므로 옛 생활 방식을 그대로 유지하기란 어렵습니다. 예수 안에 있는 새로운 피조물이면서도 옛 누더기를 걸치고 있는 꼴이라면 전혀 격에 맞지 않습니다.

예수 그리스도는 새로운 역사 창조의 주인공입니다. 그런데 세상 사람들은 옛날 방식을 따르지 않는 다고 비난하고 정죄합니다. 새 포도주는 새 부대에 넣어야 제격이라는 평범한 사실조차도 망각한 어리석은 모습입니다. 예수 그리스도를 믿고 따르는 길은 이전과는 전혀 다른 새로운 삶의 방식으로 살아감을 의미합니다. 자신이 걸어 온 옛날 습성이나 방식에 예수 그리스도를 맞추려고 할 것이 아니라, 옛 것을 모두 버리고 주님의 새로운 삶의 가치와 방식에 맞추어야 할 것입니다.

2. 하나님 나라의 새로운 삶을 향해서 나아가야 합니다

새 부대를 준비하는 것은 적지 않은 자금이 들어가는 일입니다. 그러나 새 포도주를 맛보려면 반드시 갖추어야 할 필수적인 일입니다. 예수님께서 말씀하시는 새로운 생활은 궁극적으로는 하나님의 나라입니다. 그 나라는 우리들의 죄가 완전히 용서받아 하나님의 백성이 되는 새로운 세계입니다. 인간의 전통에 얽매이지 않고 하나님의 사랑을 누리는 새로운 세계입니다. 죽은 자도 살아나며 눈먼 자도 눈을 뜨게 되는 능력과 권능이 넘치는 새로운 세계입니다. 이런 새로운 세계에서 바라보며 살아가는 그리스도인들은 새로운 백성이 되어야 합니다.

과거를 청산할 뿐만 아니라 새로운 가치를 지향해야 합니다. 그것은 현대 사회 사회에서 영성을 새롭게 하고, 생명이 위협당하는 세계에서 생명의 가치를 새롭게 발견하는 것입니다. 노동자와 여성을 비롯한 약자도 동등한 가치를 인정받는 새로운 사회를 만드는 것입니다. 이념이 달라도 생명이 위협당하는 사람을 보호하고 사랑하는 삶을 사는 것입니다. 그리스도의 사랑의 눈으로 세상을 보면서 진정으로 빛을 찾을 수 있는 세상입니다. 이 나라를 향하여 우리는 나아가야 합니다.

3. 새 가죽부대 같은 교회, 가정, 사람이 되어야 합니다

새 시대는 새 교회당이 있다고 되는 것은 아닙니다. 새 교회당도 필요하지만 성령께서 주도하시는 선교가 끊어지면 회칠한 무덤과 다를 바 없습니다. 진정한 새 시대는 복음이 선포되는 가정, 교회 그리고 그것을 수용하는 심령에 이루어집니다. 예수 그리스도께서 진정 교회의 머리가 되시도록 그의 말씀의 통치에 순종해야 새로워집니다.

이제 삭개오의 가정같이 성령의 중생의 역사와, 고넬료의 가정같이 성령의 충만의 역사, 그리고 루디아의 가정같이 성령의 선교 역사가 일어나는 곳에 새로운 시대가 옵니다. 예루살렘 교회에 성령이 임하심으로 날마다 부흥했듯이, 우리 교회도 성령의 오심으로 부흥될 수 있습니다. 성령의 은사로 새 사람이 되어 그리스도의 복음이 땅 끝까지 전파되도록 새 역사를 이루어 나가야 하겠습니다.

말씀을 생각하며

1. 오늘의 말씀에서 가장 마음에 남는 말씀은 어떤 말씀입니까?

_____

_____

_____

_____

2. 왜 그 말씀이 마음에 남습니까?

_____

_____

_____

_____

3. 오늘 말씀을 읽고, 나의 신앙생활 속에서 고쳐야 할 점은 무엇입 니까?

_____

_____

_____

_____

한 주간의 기도제목

나	
가 정	
교 회	

제7과
좁은 문, 넓은 문

성경 : 마 7:13-14
찬송 : 521, 435

"좁은 문으로 들어가라 멸망으로 인도하는 문은 크고 그 길이 넓어
그리로 들어가는 자가 많고 생명으로 인도하는 문은 좁고 길이 협착
하여 찾는 이가 적음이니라."(마 7:13~14)

우리가 이 세상을 살아가는 동안 셀 수 없이 많은 길을 걸어 다니고
수많은 문들을 들어왔다 나갔다 합니다. 집안으로 들어가는 현관문이
있는가 하면, 안방으로 들어가는 문, 화장실로 들어가는 문, 자동차에
들어가는 문… . 우리가 어떤 물건 하나만 사려고 해도 반드시 문을
통과해야 합니다. 이처럼 문은 우리 생활과 밀접한 관계를 가지고 있
기 때문에, 예수님은 누구든지 쉽게 이해할 수 있는 문을 가지고 자신
을 소개하여 주셨습니다.

1. 좁은 문은 생명의 문입니다

하나님은 인간을 영원히 영생하는 자로 만드셨지만, 하나님께 불순
종하고 거역함으로 인하여 허물과 죄로 죽은 자가 되었습니다. 결국
영원한 생명에서 영원한 사망과 고통으로 들어가게 되었습니다. 그러
나 하나님은 우리 앞에 생명으로 들어가는 문을 만들어 놓으셨습니
다. 누구든지 좁은 문으로 들어가기만 하면 생명을 얻는다고 말씀하
셨습니다.

생명으로 인도하는 좁은 문으로 들어가려면 좁은 길을 걸어가야 합
니다. 그 길은 좁기 때문에 조심하지 않으면 쓰러지고 넘어지게 됩니
다. 넓은 길은 한눈을 팔기도 해도 되지만 좁은 길은 정신을 차리고
걸어가야 합니다.

좁은 문으로 들어가는 길은 좁을 뿐만 아니라 매우 협착합니다. '협착하다'는 말은 '좁혀진' 것을 의미합니다. 점점 좁아지게 되는 것을 의미하며, 그것은 더욱 힘들고 괴로운 인생길을 의미합니다. 길이 좁더라도 평탄하면 좋지만, 이 길은 거칠고 험하고 점점 좁아집니다. 사도 바울은 우리가 하나님 나라에 들어가려면 많은 환란을 겪어야 할 것이라고 했습니다(행 14:22).

믿음의 생활은 좁은 길입니다. 예수 믿는 것은 많은 사람들이 환영하며 따라가는 길이 아닙니다. 소수의 사람들이 자기를 부인하고, 자기 십자가를 지고 예수님을 따르는 길입니다. 영원한 생명이 있음을 아는 자들만 이 길을 갈 수 있습니다.

2. 넓은 문은 멸망의 길입니다

넓은 길을 가는 것은 하나님의 말씀대로 살지 않고 육신의 욕망과 세상 풍속을 따라 사는 것을 의미합니다. 그 이유는 하나님 보다 세상을 더 사랑하기 때문입니다. 그러나 불행하게도 이 길은 멸망으로 인도하는 길입니다.

넓은 문은 보기에도 화려하고 크고 넓어서 많은 사람들이 한꺼번에 들어갈 수 있는 편리한 문입니다. 넓은 길은 좁은 길에 비교하면 넓기 때문에 조심하지 않아도 자연스럽게 걸어갈 수 있습니다. 그래서 사람들은 넓은 길을 좋아합니다. 오늘날도 넓은 길을 걸어가는 사람들은 노력은 하지 않고 손쉽게 무엇인가를 이루어 보려고 합니다.

넓은 길은 하나님을 떠나서 인간의 하고 싶은 대로 무엇이든지 욕구를 좇아서 행하는 길입니다. 육체의 소욕을 좇는 자들은 언제나 성령님을 거스르며 살아가는 자들입니다. 주께서는 넓은 길을 따라서 넓은 문으로 들어가는 자들이 많으나, 그들의 결국은 멸망이라고 말씀하십니다. 사람들이 그 넓은 문을 통과하면 멸망하리라는 말씀을 확실히 믿었다면 아무도 그 길로 들어서지 않았을 것입니다.

3. 좁은 문으로 들어가야 합니다

아무리 넓은 길이 걸어가기에 편하고 좋고, 수많은 사람들이 그 길을 걸어간다고 할지라도, 그리고 그들 앞에 화려하고 찬란하게 보이는 크고 아름다운 문이 보인다고 할지라도 그 길로 가지 말고 그 문으로 들어가지 말라고 말씀합니다. 그 결과는 멸망이기 때문입니다.

인간이 하나님께 불순종하여 타락했을 때, 가장 먼저 밝아진 것이 눈이었습니다. 범죄와 타락의 눈이 밝아진 것입니다. 그때부터 인간은 하나님의 뜻을 분별하기보다는 범죄하고 타락하는 데 더 지혜로워졌으며, 그것들을 추구하게 되었습니다.

그러나 우리가 하나님을 믿고 성령으로 거듭나게 되면 우리 영의 눈이 밝아져서 영적인 일을 분별하게 되며, 육신의 눈이 보이는 대로 살지 않게 되는 것입니다.

예수님은 우리에게 좁은 문으로 들어가라고 하십니다. 좁은 문은 들어가는 길이 협소하고 찾은 이가 적으며, 겉으로 보기에도 화려하지 않고, 들어가기가 불편할지라도 거기에 생명이 있다고 말씀하십니다. 좁은 문으로 들어가기 위해서는 우리의 모든 짐을 벗어야만 들어갈 수가 있습니다. 주님은 우리의 무거운 죄 짐을 회개하고 다 벗어버려야만 천국에 들어갈 수 있다는 것을 말씀하십니다.

말씀을 생각하며

1. 오늘의 말씀에서 가장 마음에 남는 말씀은 어떤 말씀입니까?

_____

_____

_____

_____

2. 왜 그 말씀이 마음에 남습니까?

_____

_____

_____

_____

3. 오늘 말씀을 읽고, 나의 신앙생활 속에서 고쳐야 할 점은 무엇입니까?

_____

_____

_____

_____

한 주간의 기도제목

나	
가 정	
교 회	

제8과
모퉁이의 머릿돌

성경 : 마 21:42-46
찬송 : 95, 93

"예수께서 이르시되 너희가 성경에 건축자들의 버린 돌이 모퉁이의
머릿돌이 되었나니 이것은 주로 말미암아 된 것이요 우리 눈에 기이
하도다 함을 읽어 본 일이 없느냐."(마 21:42)

건축물들을 살펴보면 어느 한쪽에 건축일자를 새겨놓은 '머릿돌'
을 발견할 수 있습니다. 이것은 초석(礎石)이라고도 하며, 주춧돌(post stone)을 의미하는데, 보통 목조건축의 기둥 밑에 놓는 돌로써 건축
물의 기둥을 받쳐주는 역할을 합니다. 예전에는 주춧돌을 머릿돌이라
고 불렀으며, 주춧돌을 놓을 때 정초식(定礎式)이라는 특수한 건축 의
식을 거행하였습니다. 그리고 주춧돌의 형태는 건축의 종류에 따라
다르며, 일반 주택에서는 자연 그대로의 암석이나 둥근 돌을 쓰고, 사
원(寺院)에서는 기둥과 접하는 주춧돌 윗면의 부분을 원형으로 만들
기도 하고, 기둥을 고정시키기 위해 요철(凹凸)을 붙이기도 합니다.

1. 건축자들의 버린 돌이 되신 예수그리스도

오늘날 인류의 문명은 아담의 타락 이후 인간이 에덴에서 광야로
쫓겨난 데서부터 시작됩니다. 광야로 쫓겨난 인간들은 스스로를 위해
돌로 집과 성과 나라를 건축하며 오늘날에 이르기까지 건축문명을 발
달시켜온 것입니다. 이렇게 인류의 돌 문명은 아담의 타락에서부터
기원한 것입니다. 대표적인 것이 바벨탑입니다. 이런 의미로 살펴볼
때 본문이 말하는 건축자들이란 하나님을 대적하여 높아지려고 하는
인류문명을 상징하는 것입니다.

그런데 세상의 건축자들에게 버림받은 돌이 바로 예수 그리스도입
니다. 사도행전 4장에 보면 "이 예수는 너희 건축자들의 버린 돌로서 집

모퉁이의 머릿돌이 되었느니라. 다른 이로서는 구원을 얻을 수 없나니 천하 인간에 구원을 얻을 만한 다른 이름을 우리에게 주신 일이 없음이니라"고 말씀하고 있습니다.

이렇게 하나님의 나라와 신령한 그리스도의 교회는 세상의 건축가들로부터 쓸모없다고 버림받은 돌, 바로 예수 그리스도를 머릿돌로 삼고 있는 것입니다. 그러므로 이 머릿돌을 믿음으로 의지하는 자마다 천국을 확장하는 천국의 돌들로 예수와 함께 연합되는 것입니다.

2. 하나님이 세우시는 영원한 나라

성경에 나오는 돌은 하나님께서 반석과 같이 견고하고 영원한 나라를 상징하며, 이것은 그 나라의 건축물의 머릿돌로서의 예수 그리스도를 상징하는 중요한 의미를 가지고 있습니다. 그러므로 범죄하고 오염된 인간들이 세운 건축물은 한 순간에 소멸될 것이지만, 하나님이 세우시는 한 나라는 영원히 망하지 않고 견고히 서게 되는 것입니다.

또 성경에서 돌은 심판을 상징하기도 합니다. "그가 성소가 되시리라 그러나 이스라엘의 두 집에는 걸림돌과 걸려 넘어지는 반석이 되실 것이며 예루살렘 주민에게는 함정과 올무가 되시리니 그가 성소가 되시리라 그러나 이스라엘의 두 집에는 걸림돌과 걸려 넘어지는 반석이 되실 것이며 예루살렘 주민에게는 함정과 올무가 되시리니"(사 8:14).

이처럼 우리가 예수 그리스도의 돌과 연합할 때에는 하늘의 건축물로 함께 지어지지만, 믿음에 의지하지 않고 자기의 행위에 의지하는 자들은 하나님의 심판의 대상이 되어, 그 돌에 부딪히기만 해도 깨지고 가루가 되어 바람에 날려 흩어지게 되는 것입니다. 우리는 에베소서 2:22의 "너희도 성령 안에서 하나님이 거하실 처소가 되기 위하여 예수 안에서 함께 지어져 가느니라."는 말씀과 같이 우리의 믿음이 그리스도 안에서 든든히 세워져 무너지지 않아야 하겠습니다.

3. 성전을 이루는 보배로우신 산 돌

예수님은 모퉁이 돌입니다. 그 안에서 건물마다 서로 연결하여 성전이 되어가는 것입니다. 즉 하나님의 성전은 예수 안에 산 돌로 연합한 신령한 성도들로 이루어지는 것입니다. 여기에 속한 자는 영원히 깨어지지도 않고, 흩어지지도 않고, 버림받지도 않은 것입니다. 음부의 권세가 이기지 못하는 것입니다.

예수님께서 "하나님 나라가 여기 있다 저기 있다 할 것이 아니라 바로 우리 안에 있다"고 말씀하셨습니다. 이 말씀은 바로 하나님의 성전이 내 심령 안에 건축되는 것을 말씀합니다. 에베소서 4:15에, "오직 사랑 안에서 참된 것을 하여 범사에 그에게까지 자랄지라 그는 머리니 곧 그리스도라."고 하십니다. 우리는 개인과 가정을 위해 살아가는 것이 인생의 목적이 되어서는 안 됩니다. 우리의 진정한 삶의 목적은 저주와 죽음을 완전히 깨뜨려 버리신 산 돌이신 예수와 연합한 돌이 되어 그와 함께 하나님의 집으로 지어지는 것입니다. 그러므로 예수 그리스도의 머릿돌과 연합하여 내 안에 하나님의 성전을 건축하는 신령한 건축가들이 되어야 하겠습니다.

말씀을 생각하며

1. 오늘의 말씀에서 가장 마음에 남는 말씀은 어떤 말씀입니까?

_____

_____

_____

_____

2. 왜 그 말씀이 마음에 남습니까?

_____

_____

_____

_____

3. 오늘 말씀을 읽고, 나의 신앙생활 속에서 고쳐야 할 점은 무엇입니까?

_____

_____

_____

_____

한 주간의 기도제목

나	
가 정	
교 회	

믿음의 싸움을 싸우는 삶

제9과
두 빚진 자

성경 : 눅 7:36-43

찬송 : 283, 211

"이르시되 빚 주는 사람에게 빚진 자가 둘이 있어 하나는 오백 데나리온을 졌고 하나는 오십 데나리온을 졌는데 갚을 것이 없으므로 둘다 탕감하여 주었으니 둘 중에 누가 그를 더 사랑하겠느냐 시몬이 대답하여 이르되 내 생각에는 많이 탕감함을 받은 자니이다 이르시되 네 판단이 옳다 하시고."(눅 7:41~43)

주님이 베다니에 가셨을 때 시몬이란 바리새인이 주님을 식사 초대하였습니다. 들어가 잡수실 때 그 동네의 한 여인이 주님께 나와 눈물로 발을 적시고 자기 머리털로 닦은 후 향유 담은 옥합을 깨뜨려 주님의 머리와 발에 부어드렸습니다. 이것을 보고 시몬은 이 여자가 어떤 여자인 줄 알면 결코 가까이 할 수 없을 텐데 하면서 주님을 속으로 비난했습니다. 이에 주님은 시몬에게 빚진 자 둘에 대한 비유의 말씀을 하시며 누가 더 주인을 사랑하겠느냐고 물으셨습니다.

1. 하나님 앞에서는 모두가 죄인입니다

오늘 비유에 등장하는 두 빚진 자들은 비록 진 빚의 액수는 달랐지만 한 가지 공통적인 사실은 두 사람 모두 그 빚을 갚을 수 없었던 사람들이라는 것입니다. 이것은 하나님 앞에 우리 인간들이 죄의 경중의 차이는 있으나 모두 다 심판을 면할 수 없는 죄인이라는 사실을 의미합니다.

"의인은 없나니 하나도 없다"고 하신 말씀과 같이 세상 모든 사람은 하나님의 말씀을 준수하지 못하는 죄인들입니다. 그래서 성경은 "모든 사람이 죄를 범하였으매 하나님의 영광에 이르지 못한다"고 말씀하고 있습니다. 우리는 흔히 드러난 죄, 위반한 죄 등만을 죄라고 생각합니다. 그러나 하나님 앞에서는 숨겨진 죄도 죄며, 하나님을 알지 못하고, 하나님께 순종하지 아니하며, 하나님을 믿지 못하며, 나아가서 올바르게 행하여야 할 것을 알면서도 해하지 않은 것도 죄가 됩니다. 그러므로 우리 모두는 하나님 앞에 모두 다 죄인 됨을 겸손히 인정하여야 합니다.

2. 하나님의 은혜로 용서를 받습니다

그러나 두 사람은 모두 자신들이 졌던 그 빚을 자비로운 주인의 은혜로 인해 모두 탕감 받게 되었습니다. 주인은 저들에게 일부라도 갚으라고 요구하지 않았으며, 후일 형편이 나아진 후 갚으라는 단서도 붙이지 않은 채 온전히 탕감하여 주었습니다. 이것은 우리의 모든 죄가 전적으로 하나님의 은혜로 말미암아 사함 받게 되었음을 의미하는 것입니다.

우리가 우리의 죄를 없애기 위해서 한 일이 아무 것도 없습니다. 구주 되신 예수님이 우리의 죄를 십자가에 달리심으로 속량하셨으며, 우리는 그 은혜를 힘입어 죄 사함 받았을 뿐입니다. 그러므로 우리의 구원은 전적인 하나님의 은혜임을 알아야 합니다.

본문의 여인은 행위를 통해서 죄 사함을 받고 구원을 받은 것이 아닙니다. 여인의 행동은 하나님의 은혜로 값없이 죄의 빚을 탕감 받은 자로서의 당연한 헌신일 뿐입니다. 자신의 죄를 대속해 주신 주님을 섬기는 것이 생명이요 영광된 일이므로, 그를 위해 모든 것을 바쳐도 결코 아까운 것이 없는 것입니다.

3. 그러면 하나님이 더 사랑하는 자는 누구입니까

주님은 이 두 빚진 자 비유를 말씀하신 후 이 두 사람 중에 누가 더 주인을 사랑하겠느냐고 물으셨습니다. 이에 시몬은 더 많이 탕감 받은 자라고 대답하였고 주님은 네 말이 옳다고 하셨습니다. 신앙이란 주님의 은혜를 감사하며 그 은혜를 베푸신 주님을 사랑하는 것입니다. 그럼 누가 더 주님을 사랑할까요? 자신의 죄의 깊이를 더 깊이 깨닫고 그래서 자신이 받은 사함의 은총이 큰 은총임을 더 깨닫는 자들이 주님을 더 사랑하게 됩니다.

우리 중엔 주님을 더 사랑하는 자가 있고 덜 사랑하는 자가 있습니다. 무엇 때문입니까? 이는 주님의 은혜에 대한 깨달음과 비례합니다. 주님의 사랑과 은총을 깊이 온전히 깨달아 알아야 하겠습니다. 그래서 주님을 더 사랑하는 자가 되어야 하겠습니다.

하나님의 사랑으로 구원받은 우리들은 그리스도 안에서 우리를 사랑하신 하나님의 사랑에 감사할 뿐이며, 십자가를 지시고 죽으심으로 우리를 자신의 것으로 만드신 우리 주님을 우리의 생명으로 섬기고, 십자가의 복음을 전하며 살아야 할 것입니다.

말씀을 생각하며

1. 오늘의 말씀에서 가장 마음에 남는 말씀은 어떤 말씀입니까?

_____

_____

_____

_____

2. 왜 그 말씀이 마음에 남습니까?

_____

_____

_____

_____

3. 오늘 말씀을 읽고, 나의 신앙생활 속에서 고쳐야 할 점은 무엇입니까?

_____

_____

_____

_____

한 주간의 기도제목

나	
가 정	
교 회	

제10과
빚진 종

성경 : 마 18:21-35

찬송 : 135, 311

"그 때에 베드로가 나아와 이르되 주여 형제가 내게 죄를 범하면 몇
번이나 용서하여 주리이까 일곱 번까지 하오리이까 예수께서 이르시
되 네게 이르노니 일곱 번뿐 아니라 일곱 번을 일흔 번까지라도 할
지니라."(마 18:21~35)

　하나님 나라는 용서하되 제한 없이 용서하여야 하며, 용서를 하지
않는 자는 용서하지 않는 사실로 인해서 자신이 천국백성이 아닌 것
을 선언하는 것이라고 밝히고 있습니다. 왜냐하면 천국은 용서받은
사람만이 가는 나라이고, 그 나라 왕이신 하나님께서 그 백성들을 어
떻게 용서하시는가를 안다면, 그리고 자신이 하나님께 받은 용서와
자비와 은총을 안다면 용서에 인색할 수 없기 때문입니다. 하나님의
용서의 차원을 이해한 사람이라면 형제의 실수와 잘못에 대하여 용서
하지 않을 수 없게 되는 것입니다.

1. 용서하지 못하는 자는 어리석은 자입니다

　그리스도인의 특징은 자유입니다. 과거도, 미래도, 그 어떤 것도
그리스도 사랑 안에 있는 우리의 자유를 어떻게 할 수 없습니다. 이와
같이 그리스도인은 엄청난 참된 자유를 누릴 수 있는 복이 있는데, 스
스로 자유를 포기하고 감정의 노예가 되어 평생 지옥과 같은 어두운
감옥에 갇혀 있는 자들이 있습니다.

　이러한 어리석은 자들은 바로 용서하지 못하는 자들입니다. 과거의
상처 때문에, 용서치 못한 마음 때문에 현재에도 미래에도 언제나 과
거에 붙들려서 마치 새장에 갇힌 새처럼 스스로 미움과 증오의 노예
로 어둡게 지내는 자들입니다. 특히, 그렇게 사랑하며 믿던 자에게 발
등을 찍혔을 때, 애인에게 실연을 당하였을 때, 또는 부부 간에 배신

을 당할 때, 또는 가장 가까운 형제간에 돈 문제로 서로의 본심을 발견한 후, 또는 친구 간에 배은망덕한 사기를 당할 때, 누군가에게 심한 모독을 받을 때, 이럴 때 사람들은 상처를 받게 되는데, 그들의 마음속에 남는 상처는 그 사람을 정신병자로 만들 수 있는 것입니다.

시간이 지나면서 한 사람의 사랑의 대상도 없게 되는 것이요, 보통이러한 삶은 점점 외톨이가 되고, 마음은 강퍅해지고, 고집이 세어지며, 미움과 의심이 그 사람의 삶 가운데 가득하게 되고, 따라서 풍성한 사랑의 삶, 아름다운 삶이 될 수 없기 때문입니다. 이러한 삶은 결단코 하나님께서 주시려는 복음 안에서의 자유로운 삶, 풍성한 사랑의 삶을 살 수 없습니다. 곧 불행한 삶이 될 수밖에 없는 것입니다.

2. 복수를 해도 상처는 지속됩니다

용서는 자기 자신을 위한 것입니다. 영적으로 볼 때 용서하지 않는마음은 계속해서 상처를 깊게 하고 곪게 하는 것이요, 앞으로 펼쳐질삶을 더 비참하게 하는 것이요, 나의 삶을 자유롭지 못하게 발목을 잡아 감옥 속에 가둬 두는 것입니다. 그래서 용서하지 못한 상처는 그사람으로 하여금 독한 마음을 품게 합니다. 그래서 아름답고 사랑스러운 사람이 아니라 독이 있는 사람이 되는 것입니다.

사람들 중에는 독기가 서려 있는 사람이 있습니다. 그들의 과거를알게 되면 큰 상처가 있고, 피해의식이 있고, 가해자를 향한 증오와미움과 분함이 있는 것을 발견할 수 있습니다. 용서를 하지 못하고 그상처로 말미암아 증오와 원망에 사로잡혀 있는 것입니다. 그러므로자신을 회복시키고 상처를 아물기 위해서 우리는 용서해야 합니다.

3. 용서받았기 때문에 용서해야 합니다

우리가 남을 용서할 수 있으려면 예수께서 나를 어떻게 용서하셨는지를 정확히 깨달아야만 합니다. 주님께서 나를 용서하실 때, 나를 판단치 않으셨음을 기억하기 바랍니다. 우리는 우리에게 해를 끼친 자들에 대하여 그의 이미지를 사기꾼, 나쁜 놈 등으로 고정시켜 버립니다. 그러나 이러한 이미지는 상대적인 것임을 알아야 합니다. 나에게는 나쁜 사람이지만, 다른 사람에게는 아주 좋은 사람, 자상한 사람일 수 있습니다.

우리는 우리에게 잘못한 사람에 대하여 너무나 악하게 보는 습성에 빠지기 쉽습니다. 그러나 예수님께서는 나를 용서하시고, 나를 나쁜 놈, 거짓말쟁이라고 기억하지 않으십니다. 오히려 좋은 사람이 될 것을 믿어주시는 것입니다. 따라서 우리도 남을 용서할 때, 그런 상황에서 잠깐 그럴 수도 있겠다는 심정으로 용서해야 합니다. 그러므로 언제나 나쁘게만 보지 말고, 오래 참고 기다리며 변화될 것을 믿고 용서해야 할 것입니다.

우리에게 악을 행하고 우리를 억울하게 하고 피해를 입힌 자, 곧 우리에게 죄를 지은 자에 대하여, 우리는 그들이 주 앞에서 바르게 서기를 축복하며 용서해야 합니다. 그 때에 주님께서도 우리를 아름다운 사람으로 만들어 주실 것입니다.

말씀을 생각하며

1. 오늘의 말씀에서 가장 마음에 남는 말씀은 어떤 말씀입니까?

_____

_____

_____

_____

2. 왜 그 말씀이 마음에 남습니까?

_____

_____

_____

_____

3. 오늘 말씀을 읽고, 나의 신앙생활 속에서 고쳐야 할 점은 무엇입니까?

_____

_____

_____

_____

한 주간의 기도제목

나	
가 정	
교 회	

제11과
불의한 재판관

성경 : 눅 18:1-8
찬송 : 91, 191

"주께서 또 이르시되 불의한 재판장이 말한 것을 들으라 하물며 하나님께서 그 밤낮 부르짖는 택하신 자들의 원한을 풀어 주지 아니하시겠느냐 그들에게 오래 참으시겠느냐 내가 너희에게 이르노니 속히 그 원한을 풀어 주시리라."(눅 18:6~8)

재판관의 직무는 어떤 소송 사건에 대하여 잘잘못을 공정하게 가리고, 공평한 판결을 내리는 것입니다. 특히 재판관은 하나님을 두려워하는 마음으로 죄와 악에 대하여 정죄하는 권세를 위엄 있게 감당하되, 가난한 자와 힘없는 백성들이 소외되지 않도록, 법을 만인에게 공평하게 적용하도록 노력해야 합니다.

그러나 오늘 본문에 등장하는 재판관은 법을 공평하게 집행하지 않았기 때문에, 힘없고 약한 과부에게 억울함을 당하게 하는 고통을 주었습니다. 그 과부는 원통함을 풀기 위해 자주 재판관을 찾아가서 호소했으며, 결국 그 재판관은 양심의 가책을 받아서 과부의 억울함이 풀어지도록 바른 직무를 행하고 그래서 법이 공평하게 집행되도록 했다는 내용입니다.

1. 그리스도인으로 살아간다는 것.

마지막 시대는 노아의 때와 같고, 또 롯의 때와 같이 죄와 악이 관영할 것이므로, 그로 인해 땅 위에 존재하는 택함 받은 자인 주님의 몸 된 교회가 고난을 당하고 고통을 받는 것은 너무나 자명한 일입니다. 그리스도인들은 세상에 살지만 세상에 속하지 않고 그리스도 안에 속한 자들이요, 영원한 하나님의 나라에 속한 백성입니다. 그리스도인들은 나그네요 순례객의 신분으로 이 세상을 잠시 지나갈 뿐이지만, 세상을 통과하면서 받아야 할 핍박과 고난이 너무나 많고 큽니다.

그리스도인이란 선하고 도덕적인 사람이 아니며, 그렇다고 하나님의 도움으로 세상에서도 칭송받고, 모든 일들에 염려와 근심이 없는 사람도 아닙니다. 세상 사람들보다도 더 큰 복과 권세를 누리는 자들을 말함이 아니라, 오히려 세상의 죄와 악, 그리고 어두움의 권세와 더불어 싸우는 그리스도의 군사임을 알아야 합니다.

하나님을 믿고 신앙생활 때문에 받는 고통이 불의한 자들이 누리는 권세에 비한다면, 이것은 정말 하나님의 공의에 합당하지 못하며, 불공평한 일이 분명한 것입니다. 이 불공평함에 대하여 하나님의 공의에 호소하고, 또 하나님께 기도하며 원통함을 풀어달라고 호소하지만, 즉시 응답되고 실현되지 않는 일들로 인해 낙심하고 믿음에서 떠나는 자들도 있는 것입니다. 그러나 우리는 항상 기도하고 낙망치 말아야 할 것입니다.

2. 약속을 지키시는 하나님

우리가 섬기는 하나님은 약속을 신실하게 지키시는 언약의 하나님이십니다. 하나님은 자신에게 모순되는 일을 하실 수가 없으신 분이시므로, 창세전에 계획하신 하나님의 계획과 그 목적은 이 땅에서 반드시 이루어지는 것입니다. 하나님의 계획은 하나님의 뜻대로 이루어지는 것이지 우리의 뜻대로 이루어지는 것이 전혀 아닙니다.

그리고 하나님은 자신의 계획과 목적은 변경하지 않으십니다. 오늘 우리가 기도한다는 것은 하나님의 뜻을 알고 그 뜻을 따라 구하되, 하나님의 계획이 하나님의 뜻대로 이루어지도록 구하고, 하나님의 뜻 앞에 우리의 무릎을 꿇는 것이지, 우리의 요구가 이루어지도록 떼를 쓰는 것이 아닙니다.

고난 속에서 하나님의 백성들은 자신의 연약함을 알아 하나님을 의지하는 법을 배우고, 연단을 통해 하나님을 깊이 체험하며, 성장하면서 하나님의 구원을 삶에서 누리고 행사하므로서, 하나님의 목적이 주의 몸 된 교회가 받는 고난과 시련 속에서 이루어지도록 섭리하신 하나님의 비밀까지 깨닫게 되는 것입니다.

3. 하나님만 바라보아야

세상 속에서 이루시는 하나님의 비밀스런 구원사역을 보는 신령한 눈이 없으면, 경건하게 살고자 하는 자들이 핍박을 받고, 의로운 사람들이 고통을 당하는 일들을 보면서 원망하고 격분하며, "하나님이 살아 계신다면 어찌 이런 불공평한 일이 있을까?" 하고 의심하며 나아가 "하나님은 죽었다"고 외치면서 낙심하고 좌절하며 그것에 걸려 넘어지기도 합니다.

하나님은 우리에게 약속하신 것을 반드시 지키는 분이시므로, 하나님의 공의에 호소하는 자들의 부르짖음을 들으시고, 죄와 악에 대해서는 반드시 심판하심으로서 공의를 실현하실 것입니다. 사단의 권세가 영원할 수 없고, 악이 승리할 수가 없는 것임은 너무나도 당연한 일입니다.

우리는 예수 그리스도의 피로 거듭난 새로운 피조물이요, 그리스도의 몸 된 교회로서 하나님의 복음과 주님의 이름 때문에 받는 고난과 시련들로 인하여 결코 낙심하거나 좌절하지 말아야 할 것입니다. 그리고 하나님의 능력과 지혜를 받기 위해서는 기도하는 일을 쉬지 말고, 하나님만 바라보고 나아가야 하겠습니다.

말씀을 생각하며

1. 오늘의 말씀에서 가장 마음에 남는 말씀은 어떤 말씀입니까?

_____

_____

_____

_____

2. 왜 그 말씀이 마음에 남습니까?

_____

_____

_____

_____

3. 오늘 말씀을 읽고, 나의 신앙생활 속에서 고쳐야 할 점은 무엇입니까?

_____

_____

_____

_____

한 주간의 기도제목

나	
가 정	
교 회	

제12과
믿음의 전쟁

성경 : 눅 14:28-33

찬송 : 461, 427

"너희 중의 누가 망대를 세우고자 할진대 자기의 가진 것이 준공하기까지에 족할는지 먼저 앉아 그 비용을 계산하지 아니하겠느냐 그렇게 아니하여 그 기초만 쌓고 능히 이루지 못하면 보는 자가 다 비웃어 이르되 이 사람이 공사를 시작하고 능히 이루지 못하였다 하리라 또 어떤 임금이 다른 임금과 싸우러 갈 때에 먼저 앉아 일만 명으로써 저 이만 명을 거느리고 오는 자를 대적할 수 있을까 헤아리지 아니하겠느냐 만일 못할 터이면 그가 아직 멀리 있을 때에 사신을 보내어 화친을 청할지니라."(눅 14:28-32)

이 세상에서 그리스도인으로 살아간다는 것은 그리 쉬운 일이 아닙니다. 매우 힘들고 어려운 일이며, 평화롭고 자유로울 때는 열정적으로 보이던 많은 이들이 위기를 만나면 쉽게 좌절하고 그리스도를 떠나가기도 합니다. 참된 신앙은 열심과 땀과 눈물과 주의라는 많은 비용을 지불해야 합니다. 그리고 십자가를 져야 하는 수치와 비난, 그리고 죽음도 감수해야 합니다. 본문은 우리가 잘 무장해야 할 필요성과, 또 항상 경계하며 자신감을 잃지 말아야 할 필요성을 깨닫게 해 줍니다.

1. 신앙생활에는 많은 비용이 소요됩니다

우리가 천국에 들어가기 위해서는 열심이 있어야 하고, 험난한 길을 가기 위해서는 땀을 흘려야 합니다. 때로는 잃어버린 자신을 되찾기 위한 눈물도 필요합니다. 겸손의 계곡으로 내려가기 위해서는 대단한 주의가 필요하며, 세상과 싸워 이기기 위해서는 죽을힘을 다해야 합니다. 그리고 이 세상의 어떤 다른 것보다도 예수 그리스도를 사랑해야 합니다.

나의 영혼이 구원받게 됨이 나의 공로와 의로 말미암은 것이 아니라, 무한하신 하나님의 은총으로 된 것임을 깨닫고, 교만한 마음과 죄의 본성을 버려야 합니다. 편협한 자아를 버리고, 주님과의 화합을 방해하는 것이라면 무엇이라도 버려야 합니다. 때로는 육체의 사랑과 쾌락도 억제해야 하고, 자신의 편안함을 추구하는 것도 버려야 합니다. 경건치 못한 일에서 관심을 돌리고 주님의 길을 따라야 합니다.

그러므로 참된 신앙을 위해서라면 어떤 비용이라도 지불해야 합니다. 우리가 이러한 비용을 지불하지 않고서는 신앙의 결심을 실행으로 옮길 수 없습니다.

2. 손익을 계산하고 비교해 보아야 합니다

우리가 신앙생활을 할 때 사람들에 의해서 비난을 받을 수도 있지만, 그들의 비난으로 인해 하나님과 예수님의 칭찬을 받을 것입니다. 세상에서의 조롱과 사단과 악한 자들과의 반목이 있지만, 예수 그리스도의 사랑하심이 우리에게 있습니다. 세상에서의 삶이 힘들고 어렵지만, 다가오는 영원한 그리스도의 나라에 비하면 잠시잠깐일 뿐입니다.

예수님은 신앙생활에 따르는 고통과 유익을 계산하지 않고 무조건 따르는 무성의한 신앙을 지적하고 계십니다. 만일 우리가 그리스도를 따르는 것이 이 세상의 어느 것보다 더 가치 있는 것이라는 것을 계산하지 않고 따른다면, 보다 더 가치 있어 보이는 그 무엇이 나타나면 쉽게 복음을 포기하고 세상으로 향하게 될 것이기 때문입니다.

충동적으로 신앙생활을 하는 사람, 군중심리에 의해 신앙생활을 하는 사람들은 무리 속에 있을 때는 열심히 있지만, 무리들과 격리되었을 때는 신앙을 버리게 됩니다. 전통적인 관습에 젖어 신앙생활 하는 사람은 그 안에 생명이 없습니다. 이것은 단순히 형식적이고 외면적인 양상만을 주목하고, 내면적인 빛이나 진리는 발견하지 못하게 됩니다. 그러므로 우리는 그리스도를 따름이 얼마나 가치 있고 소중한 것인지 계산해 보아야 할 것입니다.

3. 신앙을 지키기 위해서 싸워야 합니다

신앙생활을 시작하고 신앙에 정진한다는 것은 망대를 세우는 일에 비교됩니다. 망대를 세울 때는 그 건물을 받쳐주는 초석이 있어야 합니다. 참된 신앙의 초석을 놓기 위해서는 수고와 어려움이 따르며, 참을성 있는 선행의 따라야 합니다. 그리고 신앙을 지키기 위하여 많은 어려움을 극복해야 하고, 많은 적들을 이겨내야 하는 영적인 싸움을 싸워야 합니다.

그리스도인은 전쟁에 나선 군사입니다. 군사로 나선 이는 전쟁의 책임을 생각해야 합니다. 자기가 좋아하는 세상의 욕망을 버리고, 군인정신으로 완전 무장해야 합니다. 전쟁이 끝날 때까지 물러서지 않고 전진해야 합니다. 그리스도인은 그리스도를 대장으로 삼고, 전신 갑주를 입고 마귀들과의 영적 전쟁을 치러야 합니다. 자신의 나약함을 알고, 예수 그리스도를 의지하여 그의 강인함과 힘을 입어야 합니다. 하나님의 약속과 그리스도의 능력을 힘입어야 합니다.

우리의 싸움은 끝내는 이길 것이요, 승리의 면류관의 얻게 될 것입니다. 항상 우리는 그리스도와 함께 하나님의 나라를 위하여 영적 전쟁에 승리하는 하나님의 백성이 되어야 하겠습니다.

말씀을 생각하며

1. 오늘의 말씀에서 가장 마음에 남는 말씀은 어떤 말씀입니까?

_____

_____

_____

_____

2. 왜 그 말씀이 마음에 남습니까?

_____

_____

_____

_____

3. 오늘 말씀을 읽고, 나의 신앙생활 속에서 고쳐야 할 점은 무엇입니까?

_____

_____

_____

_____

한 주간의 기도제목

나	
가 정	
교 회	

제13과
집나간 탕자

성경 : 눅 15:11-32
찬송 : 270, 304

"아버지가 이르되 얘 너는 항상 나와 함께 있으니 내 것이 다 네 것
이로되 이 네 동생은 죽었다가 살아났으며 내가 잃었다가 얻었기로
우리가 즐거워하고 기뻐하는 것이 마땅하다 하니라."(눅 15:31-32)

돌아온 죄인에게 베푸시는 우리 주 하나님의 은혜는 매우 파격적입
니다. 제일 좋은 옷을 주고 손에 가락지를 끼우고 발에 신을 신겨 주
십니다. 송아지를 잡으며 대대적인 환영 행사를 벌입니다. 왜 재산을
탕진하고 거지로 돌아온 못된 아들을 이렇게까지 환대했을까요? 받
을 만한 자격이 없는 자에게 넘치도록 부어지는 것이 하나님의 은혜
입니다.

1. 아버지의 환대

독립하겠다고 자기 몫을 챙겨서 저 멀리 떠난 둘째 아들을 조금도
원망하거나 섭섭해 하지 않고 늘 그리움에 눈을 들어 아들이 떠난 길
을 바라보고 계셨던 아버지입니다. 그러던 어느 날, 저 멀리 동구 밖
에 나그네의 모습이 보입니다. 좀 더 주의하여 살펴보니 집을 나간 자
신의 둘째 아들입니다. 점점 가까이 다가오며 모습이 좀 더 분명해지
는데 행색이 말이 아닙니다. 완전히 거지꼴입니다. 이 같은 둘째 아들
의 초라한 모습을 보고 아버지는 가슴이 저려옵니다.

우리들도 집나간 탕자와 같습니다. 과연 나같이 못된 놈을 아버지
는 어떻게 생각하며 대하실까요? 하나님은 지금도 우리가 아버지께
로 가까이 나아오기를 고대하고 계십니다. 우리가 하나님께 나아가기
만 하면 두 손을 벌려 안으시며 용서하시고 받아 주실 것입니다. 이것
이 악한 죄인을 용납하시는 하나님의 은혜입니다.

문전박대라도 당하지 않을까 마음 졸이며 집을 찾아왔는데, 예상치도 못한 아버지의 환대를 받은 탕자 둘째 아들은 어찌할 바를 몰라 자기 자신을 아들이라 불리는 것을 감당치 못하겠다고 고백합니다. 아버지 집으로 돌아오려고 결심하던 시점부터 둘째 아들은 자식이 아닌 종으로 취급되기를 원했으며, 이미 마음에 결정한 대로 아버지에게 자신은 죄인이라고 고백합니다.

2. 아들이기 때문에

"이 내 아들은 죽었다가 다시 살아났으며 내가 잃었다가 다시 얻었노라"(24). 여전히 아버지에게는 둘째 아들은 아들이었기 때문입니다. 죄를 지은 둘째 아들은 더 이상 아들이 아니라고 고백하지만 아버지는 아들임을 강조합니다. 재산을 탕진하고 돌아왔어도 아들이고, 제멋대로 방탕하게 살다가 돌아왔어도 아버지에게는 아들입니다. 아버지가 탕자 둘째 아들에 대한 애정과 호의가 각별한 것도 바로 당신의 아들이기 때문입니다. 온갖 못된 짓 하다가 돌아왔는데도 아버지는 화를 내기는커녕 오히려 기뻐하십니다. 왜냐하면 죽었다가 다시 살아난 아들로 보았고 잃었다가 다시 얻은 아들로 보았기 때문입니다. 아들은 현재의 상태를 보았고 아버지는 그로 인한 결과를 보았습니다. 현재의 상태에 집착한 아들은 자신의 몰골에 견디기 힘들어 했습니다. 그러나 아버지는 돌아왔다는 자체에 의미를 두고, 죽었다가 다시 살아난 아들로, 잃었다가 다시 얻은 아들로 부각시킵니다. 현재 있던 자리에서 돌아선 그 사실을 아버지는 강조합니다.

3. 용납하시는 하나님

이와 같이 우리 하나님께는 회개하고 돌이키는 것이 중요합니다. 현재 어떤 상태에 있는가가 결정적인 역할을 하지 못합니다. 죄인이 과거에 어떻게 살았고 또한 현재 어떤 상태에 있는가를 놓고 주님은 저울질하지 않으십니다. 하나님께 진정 마음을 찢으며 돌아섰느냐 아니냐를 놓고 결정하십니다. 탕자에게 파격적인 은혜가 부어진 것은 그가 돌아 왔기 때문입니다. 죄짓는 자리에 계속 머물러 있지 않고 결단하고 마음을 돌이켜 돌아섰다는 점입니다. 마음을 찢으며 돌아서는 순간 하나님은 용서와 용납을 베푸십니다. 둘째 아들이 여전히 돼지나 치면서 쥐엄열매로 배를 채우려고 했다면 아버지로부터 파격적인 환대를 받지 못했을 것입니다. 이처럼 죄인이 하나님께 돌아오면 하나님은 긍휼에 풍성하사 아낌없는 은혜를 베푸십니다. 하나님은 회개를 기뻐하십니다. 마음을 찢으며 오직 주님밖에 없다고 돌아오는 자를 내쫓아내지 않으시고 품에 기꺼이 안으십니다.

지금 우리에게 필요한 것은 하나님께 돌아가는 일입니다. 죄인에게 필요한 것은 하나님을 찾는 일입니다. 나 같은 죄인을 어떻게 생각하실까를 놓고 염려할 필요 없습니다. 주님은 우리가 돌아서는 자체(회개)를 귀하게 여기십니다.

회개하면 사는 길이 열립니다. 탕자 둘째 아들이 아버지에게 돌아옴으로 그의 생존의 모든 문제가 해결되었듯이 죄인이 하나님께 돌아오면 모든 문제가 일순간에 해결됩니다. 파격적인 은혜는 회개한 자들에게 주어집니다. 회개하는 자리는 우리가 죄인의 신분에서 아들의 본래 모습으로 돌아가는 자리입니다. 그러기에 하나님은 돌아온 죄인을 아들로 대우하십니다.

말씀을 생각하며

1. 오늘의 말씀에서 가장 마음에 남는 말씀은 어떤 말씀입니까?

_____

_____

_____

_____

2. 왜 그 말씀이 마음에 남습니까?

_____

_____

_____

_____

3. 오늘 말씀을 읽고, 나의 신앙생활 속에서 고쳐야 할 점은 무엇입니까?

_____

_____

_____

_____

한 주간의 기도제목

나	
가 정	
교 회	

4월

그리스도의 바라는 삶

제14과
바리새인과 세리

성경 : 눅 18:9-14

찬송 : 364, 361

"또 자기를 의롭다고 믿고 다른 사람을 멸시하는 자들에게 이 비유
로 말씀하시되, 두 사람이 기도하러 성전에 올라가니 하나는 바리새
인이요, 하나는 세리라. 무릇 자기를 높이는 자는 낮아지고, 자기를
낮추는 자는 높아지리라 하시니라."(눅 18:9, 10, 14하)

'과부와 재판관'의 비유처럼 오늘의 본문도 '바리새인과 세리'를 대
조하면서 하나님 나라의 비밀을 풀어줍니다. '과부와 재판관'의 비유
가 지속적인 기도의 필요성을 가르쳐 주었다면, 오늘의 본문 올바른
기도 태도를 가르쳐 줍니다. 오늘의 본문에서 우리는 세 가지 중요한
교훈을 얻을 수 있습니다.

1. 기도는 정직해야 합니다

율법적으로 보면 분명히 바리새인은 의로운 사람이고 세리는 의롭
지 못한 사람입니다. 행위로 볼 때도 분명히 바리새인은 흠잡을 데가
없을 사람일 뿐만 아니라 경건한 사람입니다. 표면적으로도 바리새인
은 분명히 가난한 사람을 착취하지 않았고, 도덕적인 악행을 저지르
지 않았으며, 성적인 외도를 범하지 않았습니다. 더욱이 그는 율법이
명하는 대로 이틀에 한 번씩 금식하고, 수입의 십분의 일을 정확히 하
나님에게 바쳤습니다. 그러나 세리는 유대 사회에서 가장 욕을 먹는
직업에 종사한 사람이었습니다. 그는 로마인의 하수인으로서 동족에
게 많은 세금을 뜯어내어 중간이득을 착복하였습니다. 이런 세리가
금식하거나 십일조를 제대로 바쳤을 리가 없습니다. 그러므로 율법
적, 표면적, 외형적, 도덕적으로 볼 때, 바리새인은 그 당시에 가장
의로운 사람으로 인정받아 마땅한 사람이었고, 세리는 그 당시에 가

장 비난을 받아 마땅한 불의한 사람이었습니다.

예수님은 완전함과 순수함을 요구하시며, 위선을 미워하십니다. 바리새인도 세리도 모두 죄인입니다. 바리새인은 마음을 숨기고 스스로 의롭다고 가장했습니다. 그러나 세리는 자신의 죄를 솔직히 고백하면서, 가슴을 치며 진심으로 회개하였습니다. 하나님은 정직한 사람의 기도를 기뻐하시고, 그를 의롭게 여기십니다.

2. 기도는 겸손해야 합니다

바리새인은 하나님을 믿고 하나님의 은혜를 의지하는 사람이 아니라, 자신을 믿고 자신이 행한 것과 행하지 않는 것을 의지하는 사람이었습니다. 이와 달리 세리는 자신을 믿을 수 없음을 알고, 하나님의 은혜만 의지할 수밖에 없는 자신의 나약한 처지를 인정하였습니다. 그는 자신이 행한 것을 부끄럽게 여기며, 하나님 앞에서 자신을 낮추었습니다. 하나님은 이런 사람을 불쌍히 여기시고, 의롭게 여기십니다.

자기를 높이는 자는 낮아지고, 자기를 낮추는 자는 높아집니다. 하나님은 교만한 자를 흩으십니다(눅 1:51). 사람이 교만하면 낮아지게 되고, 마음이 겸손하면 영예를 얻게 됩니다(잠 29:23). 하나님은 교만한 자를 대적하시고, 겸손한 자들에게는 은혜를 주십니다(약 4:6). 그러므로 우리는 하나님께 기도할 때 자신을 돌아보아 겸손한 마음으로 기도해야 할 것입니다.

3. 기도 중에 남을 판단하지 말아야 합니다

바리새인은 스스로 옳다고 여기면서 기도하고 세리를 업신여깁니다. 아니 그는 세리를 자신의 기준대로 판단하고, 심판합니다. 이것도 영적인 교만입니다. 판단하는 것은 하나님의 특권이지, 우리의 몫이 아닙니다. 하나님 앞에서 우리는 오직 하나님의 은혜에 감사할 따름이고, 자신의 허물을 볼 따름입니다. 하나님 앞에서 우리는 모두 같은 죄인입니다.

설령 사람 앞에서 조금 더 의롭고 조금 더 불의한 사람이 있을지는 몰라도, 남의 불의가 나의 의로움을 입증하거나 보증하지 않습니다. 더욱이 남을 비난하는 것이 나의 옳음을 증명하는 것도 아닙니다. 오히려 남의 불의는 나의 책임이기도 합니다. 만약 남이 착취한다면, 나도 일정한 부분 그의 착취에 기여하고 있으며, 만약 남이 불의하다면, 나도 일정한 부분 그의 불의에 동참하고 있으며, 만약 남이 음란하다면, 나도 일정한 부분 그의 음란에 동참하고 있는 공동 운명체입니다.

기도하는 사람은 다른 사람들을 업신여기지 않고, 오직 자신에게 주어진 하나님의 은혜의 풍성함에 감사해야 합니다. 믿음은 오직 하나님의 은혜를 의지하지, 자신을 의지하지 않습니다. 그러므로 그는 자신을 남과 비교하지도 않으며, 남을 자신보다 못하다고 업신여기거나 비판하지 말고, 함께 우리의 허물을 고민하고 기도해야 합니다.

말씀을 생각하며

1. 오늘의 말씀에서 가장 마음에 남는 말씀은 어떤 말씀입니까?

_____

_____

_____

_____

2. 왜 그 말씀이 마음에 남습니까?

_____

_____

_____

_____

3. 오늘 말씀을 읽고, 나의 신앙생활 속에서 고쳐야 할 점은 무엇입니까?

_____

_____

_____

_____

한 주간의 기도제목

나	
가 정	
교 회	

제15과
밤중에 찾아온 벗

성경 : 눅 11:5-13
찬송 : 363, 357

"내가 너희에게 말하노니 비록 벗됨으로 인하여서는 일어나 주지 아
니할지라도 그 간청함을 인하여 일어나 그 요구대로 주리라 내가 또
너희에게 이르노니 구하라 그러면 너희에게 주실 것이요 찾으라 그
러면 찾아낼 것이요 문을 두드리라 그러면 너희에게 열릴 것이니"
(눅 11:8-9)

예수님의 기도하시는 모습을 지켜보고 있던 제자들이 어느 날 예수
님께 "주여! 세례 요한이 그의 제자들에게 기도하는 법을 가르쳐 준
것처럼 우리에게도 기도하는 법을 가르쳐 주십시오" 하였을 때, "너
희는 이렇게 기도하라"고 하시면서 예수님께서는 기도에 대하여 자상
하게 가르쳐 주셨습니다. 오늘 본문 말씀도 같은 맥락 속에서 기도가
무엇이며 어떻게 기도해야 하는가를 우리에게 보여주고 있습니다.

1. 기도는 한밤중에 친구에게 도움을 청하는 것과 같습니다

날씨가 몹시 더운 중동지방에서는 낮 기온이 40℃를 오르내립니다.
그래서 여행자들은 한낮의 뜨거운 태양을 피해 저녁 늦게 여행을 합
니다. 오늘 말씀에 나오는 여행자도 밤에 여행을 하여 거의 한밤중에
친구 집에 도착하게 되었습니다.

먼 곳에서 나를 보기 위해 내 집을 찾아온 친구가 있다면 얼마나
반갑겠습니까? 언제 만나도 언제 보아도 싫지 않은 것이 친구가 아닙
니까? 그런데 한밤중에 찾아온 친구는 여행에 지치고 몹시 배가 고팠
습니다. 그러나 집 주인은 친구에게 줄 빵이 없었습니다. 급히 이웃집
에 가서 문을 두드리며 떡 세 덩이를 빌려달라고 했습니다. 친구는 가
난하게 살고 있었던 것입니다.

옛날 유대의 가난한 집은 작은 창문 하나만 달린 단칸방이 많았습니다. 그래서 온 식구들이 한 방에서 잠을 자고 생활을 같이 합니다. 그래서 누군가 한밤중에 찾아오면 온 가족이 다 깨서 잠을 설치게 됩니다. 그래서 문도 열지 않고 안에서 "나를 괴롭게 하지 말라. 문이 이미 닫혔고, 아이들이 나와 함께 침소에 누웠으니 일어나 네게 줄 수가 없다"고 할 수도 있습니다. 그러나 주님은 친구이기 때문에 거절할 수는 있어도 간절하게 요청하는 것을 거절할 수 없다고 말합니다.

예수님은 이 비유를 통해서 문을 몇 번 두드리다가 친구가 일어나지 않을 것 같아서 그만 포기하고 가 버리지 말고, 문을 열어 줄 때까지 줄기차게 적극적으로 구해야 함을 가르쳐 주십니다.

2. 기도는 구하고 찾고 두드리는 마음입니다

기도는 적극적인 마음입니다. 가만히 앉아 있는 것이 아닙니다. 분명한 목표가 있습니다. 한밤중에 자기 집에 찾아온 친구를 위해서는 먹을 음식이 꼭 필요한 것입니다. 목표가 정해졌다면 찾아야 합니다. 그래서 오늘 본문에 나오는 사람은 음식에 여유가 있을 법한 이웃집을 찾아갔습니다. 그러나 찾아간 것으로 단순히 문제가 해결되는 것이 아닙니다. 열어줄 때까지 두드려야 합니다.

예수님은 "구하라 그리하면 너희에게 주실 것이요 찾으라 그리하면 찾아낼 것이요 문을 두드리라 그리하면 너희에게 열릴 것이니 구하는 이마다 받을 것이요 찾는 이는 찾아낼 것이요 두드리는 이에게는 열릴 것이니라"고 하십니다. 야고보서에서는 "너희가 얻지 못함은 구하지 아니함"(4:2)이라고 했습니다. 그러므로 부지런히, 끈기 있게 그리고 신뢰하며 구하여 받고, 두드리고, 찾아서 얻는 여러분이 되시기를 기도합니다.

3. 기도는 아버지와 자녀관계의 마음이 필요합니다

우리가 지구력 있게 기도해야 되고, 줄기차게, 끈기 있게 간청해야 한다는 것도 중요합니다. 그러나 하나님께서 기뻐하지 않으시는 것을 우리가 원한다고 해서 억지로 떼를 써 얻어내려 하는 것은 올바른 기도가 아닙니다. 또한 하나님이 기뻐하지 않으시는 것을 받으려고 응답이 올 때까지 줄기차게 두드리는 것도 옳지 않은 자세입니다.

하나님은 마지못해 떡을 내어 주는 인색한 옆집 친구와 같거나, 친구의 염치없는 강청에 마지못해 떡을 내어주는 분이 아닙니다. 성경은 "너희가 악할 자라도 좋은 것을 자식에게 줄 줄 알거든 하물며, 하늘 아버지께서 구하는 자에게 성령을 주시지 않겠느냐"(눅 11:13)고 하십니다. 그러므로 우리의 기도는 청산유수와 같이 말을 잘하는 것이 필요한 것도 아니며, 얼마나 많이 아느냐 하는 지식이 필요한 것도 아닙니다. 오직 하나님의 은혜에 대한 갈망이 필요합니다.

하나님은 우리의 기도에 반드시 응답해 주시는 참 좋은 분이십니다.

말씀을 생각하며

1. 오늘의 말씀에서 가장 마음에 남는 말씀은 어떤 말씀입니까?

_____

_____

_____

_____

2. 왜 그 말씀이 마음에 남습니까?

_____

_____

_____

_____

3. 오늘 말씀을 읽고, 나의 신앙생활 속에서 고쳐야 할 점은 무엇입니까?

_____

_____

_____

_____

한 주간의 기도제목

나	
가 정	
교 회	

제16과

열 처녀

성경 : 마 25:1-12

찬송 : 180, 175

> "그 때에 천국은 마치 등을 들고 신랑을 맞으러 나간 열 처녀와 같
> 다 하리니 그 중에 다섯은 미련하고 다섯은 슬기 있는 자라 미련한
> 자들은 등을 가지되 기름을 가지지 아니하고 슬기 있는 자들은 그릇
> 에 기름을 담아 등과 함께 가져갔더니."(마 25:1~4)

오늘 말씀에는 신랑을 맞으러 간 열 처녀는 동일하게 신랑을 기다
리는 처녀였지만, 그 가운데서 다섯은 미련하고 다섯은 슬기로웠다고
말하고 있습니다. 이 말은 다섯 명은 진정한 신부가 되었고 또 다른
다섯 명은 그렇지 못했다는 의미가 있습니다. 얼마 후에는 진정한 자
와 가짜가 드러나는 때가 있을 것입니다. 여러분은 이 비유를 교훈으
로 삼아서 진정한 신자가 되시기를 바랍니다.

1. 미련한 처녀들은 누구입니까

미련한 처녀의 미련함은 외모로는 판가름할 수 없지만 그 삶을 보
면 나타납니다. 미련한 처녀는 신랑이 급히 오리라 생각하면서 신랑
맞을 준비를 소홀히 합니다. 준비를 대충하면서도 다 된 것으로 생각
하였다는 말입니다. 그런데 신랑 맞을 준비를 대충 한 것은 신랑 자체
를 소홀히 생각하는 것과 같습니다. 준비를 하지 않고 신랑이 빨리 오
기만을 바라는 것은 분명히 잘못된 것입니다.

오늘날 대부분의 교회 신자들은 주님이 속히 오시기를 기대하면서
도 아무런 준비를 하지 않고 있다는 점에서 미련한 처녀와 동일한 모
습을 가지고 있습니다. 준비를 하지 않았음에도 불구하고 조급한 마
음으로 주님을 기다리는 사람들은 신랑 되신 예수 그리스도를 기다리
는 자신의 신분을 망각한 사람들입니다. 이들은 필요한 기름을 준비

하지 못한 신부로서 얼마 동안은 신자와 같은 생활을 하지만 그것이 얼마 못가서 끊어지는 자들입니다.

2. 지혜로운 자가 되어야 합니다

지혜로운 사람들은 신랑을 맞을 준비에 소홀하지 않습니다. 이들은 등에 기름을 채울 뿐만 아니라 다른 그릇에도 기름을 가득 담아서 준비합니다. 이 그릇은 성도의 마음을 의미합니다. 그러므로 마음의 그릇에 기름을 가득 채운다는 말은 성령충만하다는 말입니다. 마음의 그릇을 성령으로 가득 채운 사람들은 성령께서 친히 지배하시기 때문에 지혜로워지는 것입니다.

기름이 준비되었어도 신랑이 더디 옴으로 지혜로운 처녀나 미련한 처녀가 모두 졸고 있었습니다. 이것은 성령충만한 사람들도 영육간에 피곤하여 졸거나 잠들 때가 있다는 말입니다. 구속받은 자의 감격과 첫 사랑과 첫 열심을 잃어버린 것이 영혼이 졸고 잠들어 있는 상태입니다. 그러나 지혜로운 자는 성령이 소멸되었다 하더라도 재충전할 수 있는 기회가 주어지면 이를 포착하여 기회를 놓치지 않습니다. 성도는 깨어 있어야 합니다. 지혜로운 성도는 성령을 근심하게 만들지 않고 기쁘시게 하며 깊은 영적인 교제를 하면서 성령님의 인도를 따라갑니다.

3. 지혜로운 자와 미련한 자가 분리될 때가 옵니다

깊은 밤에 "신랑을 와서 맞으라"는 소리가 들릴 때, 지혜로운 신부와 미련한 신부가 판별됩니다. 데살로니가전서 4:16에서도 "주께서 호령과 천사장의 소리와 하나님의 나팔 소리로 친히 하늘로부터 강림하시리니…" 라고 기록하고 있습니다. 이때에는 미련한자나 지혜로운 자들 모두가 깨어나지만 잠시 후에는 미련한 자들의 등이 꺼져가게 되고 기름을 준비하지 않은 것을 후회하게 됩니다. 미련한 자들은 지혜로운 자들에게 기름을 빌리려 하지만 거절당하고, 기름을 준비하러 간 사이에 신랑이 옵니다. 그리하여 미리 기름을 준비한 지혜로운 자들만 혼인 잔치에 들어가게 됩니다. 성령의 기름은 나누어 줄 수 없는 것이기 때문에 성령 받은 자들만 천국의 혼인 잔치에 참여할 수 있는 것입니다.

얼마 후에 미련한 자들이 돌아오지만 이미 문은 닫혔고 신랑 되신 주님께서 그들을 거절하심으로 잔치에 참여할 기회를 얻지 못했습니다. 한번 닫히면 다시 열리지 않는 천국문이 열렸을 때 들어갈 수 있도록 그 기회를 놓치지 말아야 합니다.

우리는 지금 자신의 마음의 그릇에 성령의 기름이 가득 차 있는지 확인해 보아야 합니다. 기름이 가득 채워진 사람은 사탄의 시험과 유혹에도 흔들리지 않습니다. 그리고 속에 채워진 것들이 입술을 통해 나오게 됩니다. 성령으로 채워진 사람에게서는 성령의 소리가 나온다는 말입니다. 진정으로 성령충만한 사람에게서는 사랑의 말이 나오고 하나님과 사람 앞에 진실된 말이 나오며, 그는 하나님만 의지하고 살아갑니다. 이러한 증거들로 내 마음 그릇에 성령의 기름이 얼마나 채워졌는지 가늠해 보고, 부족하다면 채우는 기회를 놓치지 마시기를 바랍니다. 성령충만 받지 못하고 예수를 믿는 것은 아무런 의미가 없습니다. 우리의 삶 속에서 사랑하는 주님을 바라보고 기다리면서 무엇보다 우선할 것은 성령충만 받는 일인 것을 알고 성령 충만 받으시기를 축원합니다.

말씀을 생각하며

1. 오늘의 말씀에서 가장 마음에 남는 말씀은 어떤 말씀입니까?

_____

_____

_____

_____

2. 왜 그 말씀이 마음에 남습니까?

_____

_____

_____

_____

3. 오늘 말씀을 읽고, 나의 신앙생활 속에서 고쳐야 할 점은 무엇입니까?

_____

_____

_____

_____

한 주간의 기도제목

나	
가 정	
교 회	

제17과
부활 이후의 삶

성경 : 눅 24:44-49
찬송 : 164, 171

> "또 이르시되 내가 너희와 함께 있을 때에 너희에게 말한바 곧 모세의 율법과 선지자의 글과 시편에 나를 가리켜 기록된 모든 것이 이루어져야 하리라 한 말이 이것이라 하시고 이에 그들의 마음을 열어 성경을 깨닫게 하시고 또 이르시되 이같이 그리스도가 고난을 받고 제 삼일에 죽은 자 가운데서 살아날 것과 또 그의 이름으로 죄 사함을 받게 하는 회개가 예루살렘에서 시작하여 모든 족속에게 전파될 것이 기록되었으니 너희는 이 모든 일의 증인이라 볼지어다 내가 내 아버지께서 약속하신 것을 너희에게 보내리니 너희는 위로부터 능력으로 입혀질 때까지 이 성에 머물라 하시니라."(눅 24:44~49)

요즘은 애프터(After)라는 말이 주로 2차 행사를 뜻하는 말로 쓰입니다. 식사를 한 후에 차를 마신다든지 말입니다. 하지만 이제부터 이 말은 그리스도인을 부르는 별명이 되어야 할 것 같습니다.

우리 예수님은 부활 이후에 제자들에게 나타나셨습니다. 그리고 제자들에게 부활 이후의 삶에 대해서 말씀을 해주셨습니다. 예수님은 우리에게 부활 이후의 삶을 어떻게 살아가라고 말씀하고 있습니까?

1. 마음을 열어 주십니다

신앙생활을 하면서도 마음을 열지 못하고 신앙생활하는 이들도 있습니다. 마음을 열지 못하고 있는 성도들은 아직 부활의 주님을 경험하지 못한 것입니다. 우리는 서로의 마음을 열어 놓을 수 있을 때에 주님을 온전히 받아들일 수 있는 것입니다. 예수님은 "볼지어다 내가 문 밖에 서서 두드리노니 누구든지 내 음성을 듣고 문을 열면 내가 그에게로 들어가 그와 더불어 먹고 그는 나와 더불어 먹으리라"(계 3:20)고 말씀하십니다.

부활의 주님을 경험한 사람은 마음의 문을 열어야 합니다. 그래야 주님이 내 안에 들어와 계실 수 있는 것입니다. 주님은 억지로 내게 들어오시기 위해서 문을 부수는 분이 아니십니다. 계속해서 문을 두드리면서, 인내를 가지고 성실하게 우리가 스스로 문을 열기를 기다리는 분이십니다. 주님은 여러분과 인격적인 관계를 가지기를 원하십니다.

마음이 닫힌 사람과는 모든 것이 단절되고 맙니다. 그 마음에는 은혜가 없습니다. 기쁨이 없습니다. 찬송을 해도 건성입니다. 모든 것이 형식적입니다. 부활의 주님은 이 땅에 오셔서 제자들의 마음을 열어주셨습니다. 우리의 마음도 열린 마음이 되기를 원합니다.

2. 성경을 열어 주십니다

성경을 영적으로 깨닫지 못하고 지식적으로만 알면 예수님이 메시아로 오셨음에도 불구하고 메시아로 만날 수 없습니다. 또한 성경의 내용이 자신에게 적용되는 것이 아니라 언제나 다른 사람에게 적용되어 남을 정죄하고 판단하는 데 사용되기 쉽습니다. 말씀을 깨닫지 못한 이들에게는 아무리 좋은 말씀을 들어도 자신과는 상관없는 말씀인 것입니다.

그러나 마음이 열린 성도들은 어떤 성경의 내용도 자신에게 적용하여 자신을 변화시키고, 자신에게 깨달음을 주시기 위한 내용으로 받아들입니다. 성경의 어떤 이야기도 나와 상관없는 이야기는 없습니다. 부활의 주님을 만난 사람은 성경이 열려지는 것입니다. 구약성경을 읽어도 예수의 이야기로 깨달아지고, 신약을 읽으면서 구약의 성취된 예수의 모습을 깨닫게 되고, 성경 속에서 주님이 나에게 말씀하시는 음성이 들리는 것입니다.

깨달음이라는 것은 억지로 되는 것이 아닙니다. 우리가 부활의 주님을 만날 때 주님은 우리에게 말씀의 깨달음을 주십니다. 주님이 무슨 말씀을 하셔도 그 깊은 의미를 깨달아 아는 성도들이 되시기를 바랍니다.

3. 복음의 길을 열어 주십니다

말씀을 깨닫고 나면, 복음을 깨닫고 나면, 하지 말라고 해도 하는 것이 있는데, 그것은 전도입니다. 자신이 깨달은 내용을 전해 주지 못해서 안달하게 되는 것입니다. 깨달음이 크면 클수록 더욱 그렇습니다. 그 깨달은 것은 전해 주면 전해 줄수록 기쁨이 더욱 충만하기 때문입니다.

부활 후 제자들에게 모습을 보이신 주님은 그 자리에서 제자들을 파송하지 않으셨습니다. 우선 그들을 예루살렘으로 먼저 올라가게 하셨습니다. 그리고 마가의 다락방에서 기도하게 하셨습니다. 그리고 그들 위에 성령이 임하시고, 그들이 성령의 충만함을 받았을 때 그때서야 증인으로서 파송되었던 것입니다. 성령의 충만함을 입고 파송된 그들은 담대했습니다. 말에 힘이 있었습니다. 기적이 일어나고, 역사가 일어나도 그들은 교만해지지 않았습니다. 더욱 겸손했고, 결국 자신들의 온 삶을 순교의 제물로 드리는 일들이 일어났습니다.

여러분은 먼저 마음을 열고 부활의 주님을 모시기를 바랍니다. 주님이 여러분 안에 들어와 함께 먹고 마시며 주님은 여러분의 주인이 되실 것입니다. 그리고 주님을 위하여 순교자의 정신으로 신앙생활을 할 수 있기를 원합니다.

말씀을 생각하며

1. 오늘의 말씀에서 가장 마음에 남는 말씀은 어떤 말씀입니까?

_____

_____

_____

_____

2. 왜 그 말씀이 마음에 남습니까?

_____

_____

_____

_____

3. 오늘 말씀을 읽고, 나의 신앙생활 속에서 고쳐야 할 점은 무엇입니까?

_____

_____

_____

_____

한 주간의 기도제목

나	
가 정	
교 회	

세상을 지혜롭게 사는 삶

제18과
어린이의 가치

성경 : 마 19:13-15

찬송 : 565, 563

"그 때에 사람들이 예수께서 안수하고 기도해 주심을 바라고 어린
아이들을 데리고 오매 제자들이 꾸짖거늘 예수께서 이르시되 어린
아이들을 용납하고 내게 오는 것을 금하지 말라 천국이 이런 사람의
것이니라 하시고 그들에게 안수하시고 거기를 떠나시니라."(마 19:1
3~15)

　모든 일이나 물건에는 가치가 부여되기 마련입니다. 사람이 하는
일이라고 모두 다 똑같은 게 아니라 가치 있는 일이 있는가 하면, 전
혀 무가치한 일도 있습니다. 물건의 경우도 마찬가지입니다. 길가에
굴러다니는 돌을 금이나 다이아몬드와 똑같이 보는 사람은 아무도 없
습니다. 그것들이 크기라든가 형태에 있어서 유사한 점이 있다 해도
그 가치는 비교될 수 없을 만큼 차이가 납니다. 어린이 주일을 맞으면
서 우리는 어린이들이 지닌 가치를 바르게 이해하도록 해야 하겠습니
다.

1. 어린이는 하나님의 선물입니다

　어린이는 하나님께서 주신 가장 귀하고 보배로운 선물이므로 잘 길
러야 합니다. 아브라함과 사라는 이삭을 신앙의 후사로 잘 길렀고, 레
위와 요게벳은 생명의 위협 속에서도 모세를 정성껏 길렀으며, 한나
는 기도의 응답으로 얻은 아들 사무엘을 하나님 앞에 드려 길렀습니
다. 이렇듯 어린이는 창조주 하나님께서 주신 가장 귀한 선물이니 만
큼 어린이를 주신 하나님께 감사하며 잘 길러야 하겠습니다.

　성경은 아이 하나를 세 번 낳아야 한다고 가르칩니다. 첫째, 육신의
탄생(창 3:16), 두 번째, 복음을 통한 영적 거듭남(고전 4:15), 세 번

째는, 그리스도의 형상을 이루는 인격적 탄생입니다(갈 4:19). 우리 속담에 옥돌도 다듬어야 보배가 된다고 합니다. 하나님의 선물인 어린이들도 신앙으로 잘 길러야 천국 보배가 될 수 있습니다. 그런데 우리 부모 되고 선생 된 자들이 잘못하여 어린이들을 실족하게 했다면 하나님 앞에 그 책임을 어찌 면할 수 있겠습니까? 하나님이 선물로 주신 귀한 아이들을 구원하는 책임이 그만큼 무겁다는 점을 인식하고 믿음으로 잘 길러 천국의 보배가 되게 하시기 바랍니다.

2. 어린이는 구속의 대상입니다

제자들이 어린이들이 주께로 나아오는 것을 제지하려 할 때 주님은 "어린 아이들을 용납하고 내게 오는 것을 금하지 말라 천국이 이런 사람의 것이니라"고 하시며 꾸짖으시면서 그들을 용납하도록 하셨습니다. 어린이들을 어떤 경우에도 구속의 대상에서 제외시키거나 하찮게 생각해서는 안 된다는 것입니다.

예수님은 어린이들이 얼마나 귀중한 존재인가를 말씀하실 때 "누구든지 내 이름으로 이런 어린 아이 하나를 영접하면 곧 나를 영접함이요 누구든지 나를 영접하면 나를 영접함이 아니요 나를 보내신 이를 영접함이니라"(막 9:37)라고 하셨습니다. 그러므로 교회에서는 어린 영혼들을 위해서 한 치의 오차도 없이 세밀한 계획을 세워서 교육을 시켜야 할 것입니다. 또한 성경은 "마땅히 행할 길을 아이에게 가르치라. 그리하면 늙어도 그것을 떠나지 아니하리라"(잠 22:6)라고 말씀하였습니다.

어린이들은 주께서 용납하라고 명하신 영혼들입니다. 따라서 성도들은 그들의 영혼에 대해 깊은 관심을 가져야 하며, 어린이들이 주님을 만날 수 있도록 잘 인도해야 할 것입니다.

3. 어린이는 천국 백성의 그림자입니다

어린이들의 가치는 천국 백성의 그림자라는 주님의 증거를 통해 알 수 있습니다. 또 어린이들을 통해서 우리는 자기를 낮추는 일이 얼마나 중요한 일인가를 교훈 받게 됩니다. 주님은 "너희가 돌이켜 어린아이들과 같이 되지 아니하면 결단코 천국에 들어가지 못하리라"(마 18:3)고 말씀하셨습니다. 우리가 하나님 앞에서 자기를 낮추고 겸손히 행해야 할 것은, 우리에게 있는 모든 것이 주의 것이요, 주께서 주신 것들이기 때문입니다. 그리고 주님은 교만한 자를 미워하시기 때문입니다. 그러므로 성도들은 어린이들을 보면서 언제나 자기를 낮추는 생활을 하도록 힘써야 합니다.

나아가 어린이들은 천국의 주인공들입니다. 어린이들의 마음은 곧 옥토와 같은 밭이어서 열매를 맺기에 가장 좋은 밭입니다. 옥토 같은 어린이들을 잘 길러 두면 그 어린이가 바로 하나님의 교회에 기둥같이 쓰임 받을 일꾼이 될 터이니 가장 귀하고 보배롭게 잘 길러야 합니다.

디모데는 헬라인 아버지와 유대인 어머니에게서 난 외아들이었는데, 외할머니 로이스와 어머니 유니게의 정성어린 양육으로 하나님의 도를 배웠고, 바울 사도를 통하여 복음을 듣고 그리스도인이 되었으며, 후일에 바울의 후계자가 되어 교회에 큰 공헌을 하였습니다.

우리는 자녀를 양육하되 말씀과 기도로 양육하여, 하나님을 경외하는 사람으로, 특히 주님의 몸 된 교회를 위해 봉사하는 일꾼이 되도록 양육해야 합니다.

말씀을 생각하며

1. 오늘의 말씀에서 가장 마음에 남는 말씀은 어떤 말씀입니까?

_____

_____

_____

_____

2. 왜 그 말씀이 마음에 남습니까?

_____

_____

_____

_____

3. 오늘 말씀을 읽고, 나의 신앙생활 속에서 고쳐야 할 점은 무엇입니까?

_____

_____

_____

_____

한 주간의 기도제목

나	
가 정	
교 회	

제19과
뱀과 비둘기같이

성경 : 마 10:16-23
찬송 : 171, 240

"보라 내가 너희를 보냄이 양을 이리 가운데로 보냄과 같도다 그러
므로 너희는 뱀같이 지혜롭고 비둘기같이 순결하라."(마 10:16)

사람이 지혜롭지 못하면 매우 어렵고 고달픈 생활을 하게 됩니다.
그래서 주께서는 지혜가 부족한 자가 있으면 꾸짖지 아니하시고, 오
히려 후히 주시는 하나님께 구하라고 하였습니다(약 1:5). 솔로몬은
부도 구하지 아니하고 수도 구하지 아니하고 오직 지혜를 구하였습니
다(왕상 3:10-13). 그리하여 그는 지혜로 유명한 왕이 되었습니다.
말세를 살아가는 우리들에게는 더욱 지혜가 필요한 것입니다. 그러면
지혜로운 삶은 어떠한 것입니까?

1. 유혹을 피하면서 사는 생활입니다

우리 삶의 현장은 때로는 부정직하고, 성결하지 못하고, 살벌하기
까지 합니다. 때로는 돈을 앞세우며, 명예와 권세, 인기를 미끼삼아
우리를 현혹합니다. 그래서 신앙 양심으로 깨끗이 살기가 너무나 힘
듭니다. 주님은 이것을 마치 양을 이리 가운데로 보내는 것과 같다고
하셨습니다.

그래서 우리가 세상을 헤어나가며 살아가기 위해서는 지혜롭기가
뱀과 같아야 한다는 것입니다. 뱀은 어느 동물보다도 지혜로워서 자
신의 몸을 잘 피합니다. 성도들은 사단의 유혹과 공격을 받게 될 때,
뱀과 같이 신속하게 피해야 합니다. 성도로서 해가 될 만한 것이 있으
면 피하는 것이 지혜로운 처사입니다. 요셉이 보디발의 아내에게 성
적인 유혹을 받았을 때에 그 자리에서 피하여 도망한 것처럼 피하는

것이 좋은 것입니다.

우리가 사는 세상은 언제나 위험이 도사리고 있습니다. 예수님도 사랑하는 제자가 마귀의 종노릇하는 것을 보시고 "사단아 내 뒤로 물러가라"고 하셨습니다. 아담도 하와로 인하여 죄를 짓게 되었습니다. 뱀이 항상 주의 깊게 주위를 둘러보는 것처럼, 성도들은 세상 사람들의 유혹을 주의해야 합니다.

세상 가운데로 보내신 우리 주님은 우리를 모른다 하시지 않고, 우리의 삶의 현장, 그 고통스러운 현장에 관심을 가지고 사랑으로 함께 하시며, 우리가 기도하고 간구할 때마다 우리를 도와주시고, 쓰러지고 넘어질 때 주님의 손으로 붙잡아 주십니다.

2. 그리스도인으로 제대로 살아가는 방법

뱀은 성경에서 늘 부정적인 의미의 짐승으로 나오는데, 본문에서만큼은 그렇지 않습니다. 뱀처럼 지혜롭게 살라고 하십니다. 지혜를 말씀하시는 이유는 분별성과 조심성을 가지라는 의미입니다. 이리 가운데 가되 무모하지 말라는 것입니다.

그런데 아무리 뱀 같은 지혜가 있다 할지라도 교활하면 안 됩니다. 비둘기 같이 순결함이 필요합니다. 비둘기처럼 순결하라는 말은 정결하라는 의미도 있지만, 단순함을 잃지 말라는 것입니다. 뱀같이 지혜로워서 피할 곳은 피하되, 정작 있어야 할 자리, 그러나 모두들 도망가고 피하는 그 자리에는 비둘기 같은 우직함과 단순함으로 있어야 한다는 것입니다.

주님은 이 세상에서 신앙인으로 살면서 무모한 죽음은 원치 않으시지만, 죽어야 할 때 죽지 않으려는 얄팍함도 안 된다고 말씀하십니다. 모두가 계산하고 피하려고 할 때, 모두들 짐을 지려고 하지 않을 때, 주님이 주신 사명이라고 우직하게 받아들이는 그런 순진함, 주님은 그것을 원하십니다.

3. 뱀같이 지혜롭게, 비둘기같이 순결하게.

뱀같이 분별력 있고 조심성 있는 사람은 대체로 소심합니다. 이런 사람은 너무 자신의 안위를 계산합니다. 그래서 결국 하나님을 위한 큰일을 하지 못합니다. 대부분의 사람들이 여기에 많이들 빠져 있습니다. 이쪽저쪽을 너무 살피고 조심합니다. 어떠한 모험도 원치 않습니다. 그러다 보니 때로 주님의 부르심도 거절할 때가 많습니다.

반대로 비둘기같이 단순한 사람은 무모할 때가 많습니다. 오직 한 길만 보기 때문에 그것이 전부인 양 착각합니다. 이런 사람은 주변에 있는 여러 사람을 다치게 하는 줄도 모르고 자신은 꿋꿋하게 일방적으로 나아갑니다.

이 두 가지가 조화를 이루어야 합니다. 뱀의 지혜, 비둘기의 순결함, 이 둘 중에 하나만 고집하는 것은 결코 좋지 못합니다. 뱀은 악하게 되기 쉽고, 비둘기는 속기 쉽기 때문입니다. 이 둘은 조화를 이루어야 합니다. 지혜가 순박함을 결여할 때 쉽게 타락하고, 순박함이 지혜를 결여할 때 무지로 떨어지기 쉽습니다. 그리스도인에게 있어서 이 둘은 양 날개가 되어야 합니다.

지혜로운 생활은 하루 이틀만 필요한 것이 아니고 영원토록 필요한 것입니다. 그러므로 죄 짓는 장소에서 피하고 사람을 조심하면서 모든 일은 주께 맡기고 기도하면서 사는 지혜로운 성도들이 되어야 하겠습니다.

말씀을 생각하며

1. 오늘의 말씀에서 가장 마음에 남는 말씀은 어떤 말씀입니까?

_____

_____

_____

_____

2. 왜 그 말씀이 마음에 남습니까?

_____

_____

_____

_____

3. 오늘 말씀을 읽고, 나의 신앙생활 속에서 고쳐야 할 점은 무엇입니까?

_____

_____

_____

_____

한 주간의 기도제목

나	
가 정	
교 회	

제20과
밭이 좋아야

성경 : 마 13:1-9, 막 4:3-20. 눅 8:4-15

찬송 : 204, 518

"예수께서 비유로 여러 가지를 그들에게 말씀하여 이르시되 씨를 뿌리는 자가 뿌리러 나가서 뿌릴 새 더러는 길 가에 떨어지매 새들이 와서 먹어버렸고 더러는 흙이 얕은 돌밭에 떨어지매 흙이 깊지 아니하므로 곧 싹이 나오나 해가 돋은 후에 타서 뿌리가 없으므로 말랐고 더러는 가시떨기 위에 떨어지매 가시가 자라서 기운을 막았고 더러는 좋은 땅에 떨어지매 어떤 것은 백 배, 어떤 것은 육십 배, 어떤 것은 삼십 배의 결실을 하였느니라."(마 13:3~8)

유대인들이 씨 뿌리는 방법은 우리와 조금 다릅니다. 두 가지 방법으로 씨를 뿌리는데, 한 가지는 높은 곳에서 바람이 불어올 때 날리는 방법입니다. 그러면 바람에 씨가 날려서 적당하게 뿌려집니다. 또 한 가지 방법은 나귀 등에 구멍 뚫린 씨앗 자루를 얹고 나귀가 온 밭은 돌아다니게 합니다. 그러면 구멍으로 씨가 떨어져서 뿌려지는 것입니다. 그러다보니 좋은 땅에도 뿌려지지만 종종 길가에도 돌밭에도 가시덤불에도 뿌려지는 것입니다.

1. 길가와 같은 마음입니다

길가는 사람이 다녀서 단단해진 땅입니다. 처음에는 부드러운 흙이었는데 사람이 밟고 다니고 우마차가 다니다보면 돌같이 단단해집니다. 사람의 마음도 어렸을 때는 참 부드럽지만, 세월이 지나면서 세상의 죄와 악에 의하여 점점 굳어집니다.

말씀이 안 들어가면 그 영혼은 그 때부터 문제가 생기기 시작합니다. 기독교의 모든 것은 말씀을 통하여 이루어집니다. 천지가 창조된 것도 말씀을 통하여서, 구원을 얻는 믿음도 말씀을 통해서 옵니다. 신앙이 성장하는 것도 말씀을 통해서 옵니다. 모든 기독교의 역사가 말씀을 통해서 일어났는데 말씀 자체가 그 마음에 들어가지 않으면 가장 불행한 인생이 될 수밖에 없습니다. 말씀에 대한 욕심을 가질 수 있기를 바랍니다. 말씀에 주리고 목말라 하시기를 바랍니다. 마른 땅이 단비를 사모하듯이 하나님의 말씀을 그와 같이 사모할 수 있기를 바랍니다.

2. 돌과 같은 밭입니다

돌밭은 돌이 많은 밭을 말하는 것이 아니라 반석 위에 약간 흙이 덮여 있는 밭을 말합니다. 누가복음에는 "바위 위에 떨어졌다"고 말하고 있는데, 이것은 돌밭의 또 다른 해석입니다. 이스라엘의 땅들은 암석으로 되어 있는 고지가 대부분입니다. 그래서 흙을 조금 파보면 커다란 반석이 나오는 곳이 많습니다. 돌밭은 바로 이런 경우를 말하는 것입니다.

믿지 않는 부모, 형제 앞에서 절을 하지 않는다면 핍박을 받을 수도 있습니다. 멸시와 따돌림을 당할 수도 있습니다. 그러나 어떤 어려움이 있다 할지라도 이겨내라고 명령하십니다. 왜냐하면 그 어려움을 이겨내야만 천국의 열매를 맺을 수 있기 때문입니다. 환난과 핍박이 오면 천국을 포기하는 사람이 돌밭과 같은 마음입니다. 내 힘으로는 뿌리를 내릴 수 없지만 하나님의 능력으로 뿌리를 내릴 수가 있습니다.

3. 가시덤불 같은 밭입니다

요즘에는 제초제, 제초기가 있어서 농사짓기가 좀 수월하지만 전에는 일일이 풀을 뽑고 김을 매었습니다. 김을 매지 않으면 잡초가 영양분을 다 빨아 먹어버리기 때문에 농작물이 자라지 못합니다. 잡초는 농작물보다 키가 더 커서 햇빛을 차단하고 막아버리기 때문에 농작물은 자라지 못하고 열매를 맺지도 못합니다. 영양분과 햇빛을 공급받지 못해서 죽어버리기도 합니다.

염려를 하게 되면 신앙생활이 제대로 되지 않습니다. 신앙이란 모든 염려를 주님께 다 맡기는 것입니다. 그렇지 않으면 염려가 가시덤불이 되어 열매를 맺지 못하고 하나님의 은혜를 차단시켜 버립니다. 염려와 탐심의 가시덤불을 다 태워버리고 옥토와 같은 마음이 되어서 떨어지는 말씀마다 품어서 아름다운 열매를 맺으시기 바랍니다.

4. 옥토와 같은 밭입니다

옥토는 좋은 땅입니다. 말씀을 듣고 깨달아 결실하는 땅입니다. 언제나 하나님의 말씀에 대해 마음이 열려 있고 그 말씀을 그대로 받아들입니다. 빈 마음과 가난한 마음입니다. 한 마디로 말하면 어린아이와 같은 마음입니다.

하나님의 말씀을 받아들이면 천국의 능력이 내 손에서 역사하기 시작합니다. 하나님의 말씀을 옥토같이 받아들이면 천국의 기쁨이 가슴 속에서 꿈틀거리기 시작합니다. 그러면 사람이 달라지기 시작합니다. 미워하던 사람을 용서하게 되고, 남을 정죄하던 사람이 자기 자신을 돌아보게 되고, 가치관이 바뀝니다. 그럴 때 비로소 우리의 심령이 변화되고 천국의 백성이 되는 것입니다. 그럴 때 삼십 배, 육십 배, 백 배의 결실을 맺어 삼십 명, 육십 명, 백 명의 새로운 심령을 만들어 내는 놀라운 역사가 우리를 통해서 있게 될 것입니다.

말씀을 생각하며

1. 오늘의 말씀에서 가장 마음에 남는 말씀은 어떤 말씀입니까?

_____

_____

_____

_____

2. 왜 그 말씀이 마음에 남습니까?

_____

_____

_____

_____

3. 오늘 말씀을 읽고, 나의 신앙생활 속에서 고쳐야 할 점은 무엇입니까?

_____

_____

_____

_____

한 주간의 기도제목

나	
가 정	
교 회	

제21과
좋은 씨를 뿌려야

성경 : 마 13:18-23
찬송 : 496, 240

"돌밭에 뿌려졌다는 것은 말씀을 듣고 즉시 기쁨으로 받되 그 속에
뿌리가 없어 잠시 견디다가 말씀으로 말미암아 환난이나 박해가 일
어날 때에는 곧 넘어지는 자요 가시 떨기에 뿌려졌다는 것은 말씀을
들으나 세상의 염려와 재물의 유혹에 말씀이 막혀 결실하지 못하는
자요 좋은 땅에 뿌려졌다는 것은 말씀을 듣고 깨닫는 자니 결실하여
어떤 것은 백 배, 어떤 것은 육십 배, 어떤 것은 삼십 배가 되느니라
하시더라."(마 13:20~23)

　　본래부터 좋은 토질도 있으나, 나쁜 땅을 개간하여 퇴비를 넣고 갈
아 손질을 해서 좋은 땅을 만들기도 합니다. 타락한 인생은 황무지와
같고, 우거진 가시밭 같으며, 묵은 땅과 같습니다. 길가처럼 단단한
마음, 강퍅하고 완고하고 고집스러운 마음을 갈아엎어 부드럽게 만들
고, 뿌리를 뻗지 못하게 차단하는 마음을 깨뜨리어 뿌리를 깊이 박을
수 있게 만들고, 가시떨기도 뽑고 잘라내어 말씀이 싹이 나고 뿌리를
박고 줄기가 튼튼히 자라서 결실할 수 있도록 해야 합니다. 그리고 좋
은 열매를 맺기 위해서는 파종을 해야 합니다.

1. 부지런히 밭을 갈아야 합니다

　　봄이 되면 씨를 심기 위하여 밭을 갈아야 합니다. 부지런한 자는 보
리를 심기 위하여 가을에 밭을 갈아 둡니다. 많은 열매를 거두기를 바
라는 사람은 부지런히 밭을 갈아야 합니다. 씨앗에 따라서 가을에 밭
을 갈아야 할 것이 있고, 봄에 밭을 갈아야 할 것이 있습니다.

　　농사를 짓는 사람이 밭을 가는 이유는 밭을 갊으로 인해 땅을 부드
럽게 하고 씨앗을 심을 준비를 하여 때가 되면 씨를 뿌릴 수 있게 만
들기 위함입니다. 그러므로 놀지 말고 부지런히 밭을 갈아야 합니다.

손에 쟁기를 잡고 밭을 가는 자의 목적은 고랑을 내는 일에 있습니다. 그러므로 다른 데 정신을 쓰지 말고 소의 뒷다리만 보고 전진해야 고랑이 반듯이 쳐집니다. 그렇지 않고 뒤돌아보면 고랑은 비뚤어지고 마는 것입니다. 마찬가지로 예수를 좇는 자의 유일하고도 궁극적인 목적은 하나님 나라를 전파하는 일이기에 예수를 바라보지 않고 세상을 바라보는 자는 하나님의 뜻에 어긋나기 때문에 비 진리를 전하게 되고 세상적인 자랑이나, 육신의 정욕이나, 탐심을 가질 수밖에 없습니다. 그러므로 우리는 오직 예수님만 바라보고 마음의 밭을 갈아야 합니다.

우리들은 복음의 씨앗을 심기 위하여 마음 밭을 갈아야 합니다. 인간의 마음이 하나님을 알지 못하여 죄악으로 무디어지고 세상적인 물질문화에 굳어져서 묵은 땅과 같이 되었습니다. 묵은 마음을 갈기 위하여 먼저 열심히 기도하여 은혜를 받고, 성령의 쟁기로 마음 밭을 파고 갈아엎어 단단한 심령을 부드럽게 만들고, 죄악의 뿌리와 부정적이고 불신앙적인 돌멩이를 가려내어 부드러운 마음을 만들어야 합니다.

2. 좋은 씨를 뿌려야 합니다

땅을 아무리 좋은 옥토를 만들었다고 할지라도 씨앗이 좋지 않으면 모종이 좋지 않고, 모종이 좋지 않으면 잘 자라지 않으며, 잘 자라지 않으면 많은 수확을 기대할 수 없습니다. 그러기에 좋은 씨를 뿌리는 것이 얼마나 중요한 것인지 모릅니다.

그러므로 우리가 한 인간을 구원하기 위하여 아무런 씨를 심어서는 안 됩니다. 학문의 씨로도 안 되고, 첨단 과학의 씨로도 안 되고, 어떤 사상이나 정신이나 철학으로서도 인간을 구원할 수 없습니다. 오직 인간을 구원할 씨는 복음의 씨입니다. 살아 있는 하나님의 말씀인 복음의 씨를 심어야 합니다.

복음이라고 해서 다 같은 복음이 아닙니다. 이단과 사이비의 씨를 심어서는 안 됩니다. 오직 오늘 날도 많은 이단 사이비들이 마귀들의 종이 되어 죄악과 사망의 씨를 심기 위하여 혈안이 되어 있습니다. 우리는 오로지 하나님의 말씀을 심어야 합니다.

3. 제때 씨를 심어야 합니다

호박씨를 심을 때 호박씨를 심고, 벼 씨를 심을 때는 벼 씨를 심어야 하며, 고추씨를 심을 때는 고추씨를 심어야 합니다. 이와 같이 전도도 때가 있습니다. 복음의 씨를 심어야 할 때 심지 않으면 영원히 후회하게 됩니다. 지금은 복음의 씨를 심고 진리를 세상에 뿌릴 때입니다. 그 이유는 우리가 처음 믿을 때보다 구원의 날이 가까웠고 지금은 자다가 깰 때이기 때문입니다(롬 13:11).

농사를 짓는 사람은 기회를 선용해야 합니다. 기회를 놓쳐 버리면 그 해 농사를 망쳐버리고 마는 것입니다. 그러므로 일해야 할 때 놀지 않고 일을 해야 하고, 밭을 갈아야 할 때 밭을 갈아야 하며, 씨를 뿌려야 할 때 씨를 뿌려야 합니다.

말씀을 생각하며

1. 오늘의 말씀에서 가장 마음에 남는 말씀은 어떤 말씀입니까?

_____

_____

_____

_____

2. 왜 그 말씀이 마음에 남습니까?

_____

_____

_____

_____

3. 오늘 말씀을 읽고, 나의 신앙생활 속에서 고쳐야 할 점은 무엇입니까?

_____

_____

_____

_____

한 주간의 기도제목

나	
가 정	
교 회	

천국을 소망하는 삶

제22과
밭에 감추인 보화

성경 : 마 13:44-52

찬송 : 439, 240

"또 천국은 마치 좋은 진주를 구하는 장사와 같으니, 극히 값진 진주 하나를 발견하매 가서 자기의 소유를 다 팔아 그 진주를 샀느니라."(마 13:45~46)

전쟁이 빈번한 팔레스타인 지역에서는 보화를 집안에 두지 않고 땅속에 감추어 두곤 하였습니다. 그런데 간혹 보화를 감추어둔 사람이 죽거나 실종되는 경우, 감추어둔 보화는 땅속에서 긴 시간 동안 그대로 묻혀 있게 되는 것입니다. 그러다가 우연히 그 땅을 파고 농사짓는 사람이 그 보화를 발견하기도 합니다.

본문의 비유도 바로 이런 시대적인 배경 속에서 나온 말씀인 것입니다. 비유 속에 나오는 사람도 우연히 밭을 일구다가 그 속에 감추인 보화를 발견하고는 기뻐하며 돌아간 것입니다. 그리고는 그 밭을 사기 위해 자기의 소유를 다 팔게 된 것입니다. 이 비유 속에는 어떤 천국의 비밀이 감추어져 있는 것일까요?

1. 천국은 마치 밭에 감추인 보화와 같습니다

고린도후서 4장 7절에 "우리가 이 보배를 질그릇에 가졌으니 이는 심히 큰 능력은 하나님께 있고 우리에게 있지 아니함을 알게 하려 함이라."고 말씀합니다. 여기에서 질그릇이란 흙으로 만든 그릇을 말하는 것입니다. 사람도 모두 하나님께서 흙으로 만드신 존재입니다. 그런데 문제는 이 질그릇 안에 보화가 담겨져 있다고 하는 사실입니다. 즉 하나님께서는 질그릇과 같은 우리의 심령에 보화를 담아 주시는 분인 것입니다. 밭에 감추어진 보화란 바로 우리 심령 속에 감추어진 하나님의 보화를 가리키는 것입니다.

심령 속에 하나님의 보화를 가진 사람은 보통 사람과 다릅니다. 그는 어디를 가든지 자신이 있습니다. 남이 알아주지 않고 무시해도 위축되지 않습니다. 사방으로 우겨 쌈을 당하여 진퇴양난의 위기가 되어도 문제가 되지 않습니다. 그것은 내 안에 하나님의 생명력, 즉 영적인 보화가 가득하기 때문인 것입니다. 그런데 본문의 사람이 바로 이런 보화를 발견하게 된 것입니다.

2. 자기 소유를 다 팔아 그 밭을 샀습니다

밭에서 보화를 발견한 사람은 자기의 모든 소유를 다 팔아 그 밭을 사려고 합니다. 왜냐하면 그 밭을 사면 그 속에 있는 것이 다 내 소유가 되기 때문인 것입니다. 마태복음 19장에 보면, 어려서부터 하나님의 계명을 잘 지켜온 어떤 사람이 예수님께 와서 자신에게 무엇이 부족한지, 그리고 어떻게 하여야 온전해질 수 있는지를 물었습니다. 그러자 예수님은 "네가 온전하고자 할진대 가서 네 소유를 팔아 가난한 자들을 주라 그리하면 하늘에서 보화가 네게 있으리라 그리고 와서 나를 따르라"고 말씀하십니다. 이 말씀은 한 마디로 "네가 온전한 그리스도인이 되고 싶으면 네 모든 소유와 나를 바꿔치기 하라"는 것입니다. 곧 너 자신을 팔라고 하는 것입니다.

우리 심령 가운데는 허물과 죄, 교만과 탐심이 있어 내 영혼을 짓누르고 있습니다. 그러므로 예수님은 지금 이것을 다 버리고 나를 따르라고 하시는 것입니다. 여기에 영생이 있는 것입니다. 왜냐하면 예수님은 길이요, 진리요, 생명이시기 때문입니다. 그러나 이 청년은 심히 부자였음으로 영생을 버리고 근심하며 돌아간 것입니다. 하지만 이와는 달리 세리장 삭개오는 예수님을 만나자 자기의 모든 재산 절반을 가난한 사람에게 나누어 주고, 또 나머지를 가지고는 자신이 부당하게 이를 취한 자들에게 4배나 갚아 주겠다고 한 것입니다. 그는 세상의 모든 부와 권력을 버리고 예수님의 것으로 얻은 것입니다.

3. 천국은 좋은 진주를 구하는 장사와 같습니다

진주는 조개의 연약한 살 속에 들어간 모래알이 조갯살을 파고들어가면서 생기는 진액 때문에 만들어지는 것입니다. 조개에게 있어서 살을 파고 들어오는 모래알은 병의 원인이 됩니다. 만일 조개가 그 병을 이기지 못하면 죽게 됩니다. 그러나 조개가 그 병을 이기게 될 때에는 엄청난 진주가 그 속에서 태어나게 되는 것입니다.

지금 여러분의 살 속을 파고드는 병과 고통의 원인이 있습니까? 만일 우리가 이런 돌들로 인해 병들고 죽는다면 아무 것도 될 수 없지만, 기도의 진액으로 그 고통을 싸고, 믿음의 진액으로 그 고통을 싸고, 말씀의 진액으로 그 고통을 싸고 또 싼다면 언젠가는 그 돌덩어리가 나를 망하게 하는 악조건에서 이제는 진주와 같이 빛나는 보화로 변화될 것입니다.

진정한 보화는 바로 여러분 자신 속에 있는 것입니다. 그러므로 우리는 우리를 발견하고 우리 자신을 사야 합니다. 자기의 모든 소유를 십자가에 다 팔아 버리고 부활하신 예수 그리스도 안에서 지혜와 지식의 보화들을 하나하나 발견하고 소유하는 그리스도의 백성들이 되시기를 원합니다.

말씀을 생각하며

1. 오늘의 말씀에서 가장 마음에 남는 말씀은 어떤 말씀입니까?

_____

_____

_____

_____

2. 왜 그 말씀이 마음에 남습니까?

_____

_____

_____

_____

3. 오늘 말씀을 읽고, 나의 신앙생활 속에서 고쳐야 할 점은 무엇입니까?

_____

_____

_____

_____

한 주간의 기도제목

나	
가 정	
교 회	

제23과
가루 서말과 누룩

성경 : 마 13:31-33, 눅 13:20-21

찬송 : 391, 415

"또 이르시되 내가 하나님의 나라를 무엇으로 비교할까 마치 여자가
가루 서 말 속에 갖다 넣어 전부 부풀게 한 누룩과 같으니라 하셨더
라."(눅 13:20~21)

인간은 누구나 자신의 영혼의 본향인 하나님을 찾는 것이 그 본성
속에 분명히 감추어져 있습니다. 괴롭고 힘들 때도 고향을 생각하고,
어렵고 외로울 때에 부모와 형제 생각하는 것은 삶의 뿌리를 생각하
는 마음이 사람 속에 들어 있기 때문입니다. 그러나 인간의 본래의 근
원과 뿌리가 무엇이겠습니까? 조금만 깊이 생각해 보면 인생은 모두
그 삶의 뿌리가 하나님의 품속이요, 하나님의 사랑인 것을 깨닫게 될
것입니다.

1. 세상을 등지는 신앙.

세상을 등지는 신앙이란 세상이 어떻게 돌아가든지 무관심 속에 오
직 신앙에만 몰두하는 신앙입니다. 또한 세상을 거부하고 오직 하늘
만 바라보는 듯한 태도입니다. 이들은 세상은 악하고 두려운 곳이며
가까이 해서는 안 되고, 오직 영의 세계만 선하고 깨끗하며 영적인 삶
만이 믿음의 삶이라고 생각합니다. 그래서 세상에 대해서 극히 부정
적이며 공격적이 됩니다. 이러한 신앙은 얼른 보면 아주 강한 인상을
줍니다. 그리고 실제적으로 무엇과도 타협하지 않는 강한 믿음의 확
신을 가지고 있는 것도 사실입니다.

그러나 이런 신앙의 태도는 사실 깊이 들여다보면 일종의 '도피신
앙'입니다. 세상을 피해 도망치는 신앙이라는 말입니다. 도피신앙은

결코 기독교의 신앙이 아닙니다. 아무리 예수의 이름을 부르고 있어도 불교적인 신앙입니다. 성경의 가르침이나 예수님의 삶은 결코 도피하는 생활이 아니라, 오히려 세상 속으로 뚫고 들어가는 신앙입니다.

하나님은 한 번도 세상을 전적으로 포기하시거나 저버리신 적이 없습니다. 언제나 희망 중에 구원의 역사를 이루셨습니다. 하물며 하나님이 버리시지 않은 이 세상을 어찌 인간이 함부로 등을 돌리며 버린다고 하겠습니까.

2. 세상 속에 빠지는 신앙.

세상을 등지고 철저히 신앙생활만 한다는 것과는 반대로 그리스도인도 어차피 세상을 사는 것이니 세상 사람과 다를 바가 없지 않느냐는 생각입니다. 그리스도인이라고 해서 안 먹고, 안 입고, 안 쓰는 것이 아니요, 그리스도인도 좋은 옷에 좋은 집에 좋은 환경에서 행복을 얻기를 바라는 것은 마찬가지라고 생각합니다.

세상을 싫어하고 등지게 되면 세상과 담을 쌓게 되고, 사람들과 멀어지게 되니 결국은 전도할 수 없게 됩니다. 세상 속에 빠지는 신앙을 가진 사람들은 호랑이를 잡으려면 호랑이 굴속에 들어가야 하듯이, 세상을 구원하려면 세상 사람의 모습이 되어야 한다는 것입니다. 차라리 세상 사람들의 모습으로 세상을 살며 때때로 엎드리어 행복을 기원하고, 어려울 때 도움을 구하고, 답답할 때 마음의 위로를 얻는 것이 솔직하고 진실한 신앙과 삶의 모습이라는 것입니다. 이런 신앙은 '자기를 잃어버린 신앙'입니다. 세상 사람의 삶이나 믿음의 삶이나 다름이 없습니다.

신앙은 때로 절대로 양보할 수 없는 지고의 푯대가 있습니다. 세상 속에서 세상을 구원하기 위해서 신앙의 핵심을 버린다고 하면 결국은 신앙의 생명을 잃어버리게 될 것입니다.

3. 세상을 변화시키는 신앙.

세상을 등지는 것도 기독교 신앙이 아니고, 세상 속에 빠져서 사는 것도 바른 신앙이 아닙니다. 주님은 제3의 방법을 "천국은 마치 여자가 가루 서 말 속에 갖다 넣어 전부 부풀게 한 누룩과 같으니라"고 말씀하셨습니다.

누룩은 가루 서말 속에 들어가지만 부스러져 가루가 되지도 않고, 가루 속에 그냥 떼굴떼굴 굴러다니지도 않으면서 가루 속에서 자신을 녹여 전체를 부풀게 합니다. 바로 이것이 바른 믿음이라는 말씀입니다. 그리스도인이 세상을 거부하거나 등지지 않고, 세상 속에서 같이 물들어 썩어버리는 것이 아니라, 세상 속에 깊이 들어가되 자기를 잃지 않으면서 세상을 변화시키는 것을 말씀하는 것입니다.

참 믿음이 있는 곳에는 언제나 변화의 역사가 나타났습니다. 참 성도가 있는 곳에는 언제나 변화가 일어났습니다. 주님은 변화를 일으키는 하나님의 능력이시기 때문입니다.

여러분의 신앙은 어떤 신앙입니까? 세상을 거부하고 세상을 등지는 신앙입니까? 아니면 세상을 중요시 여기면서 세상 속에 빠지는 신앙입니까? 아니면 분명한 믿음의 확신을 가지고 누룩처럼 세상에 들어가 세상을 변화시키는 신앙입니까? 가루 속에서 변화의 역사를 일으키는 산 누룩이 되기를 원합니다.

말씀을 생각하며

1. 오늘의 말씀에서 가장 마음에 남는 말씀은 어떤 말씀입니까?

_____

_____

_____

_____

2. 왜 그 말씀이 마음에 남습니까?

_____

_____

_____

_____

3. 오늘 말씀을 읽고, 나의 신앙생활 속에서 고쳐야 할 점은 무엇입니까?

_____

_____

_____

_____

한 주간의 기도제목

나	
가 정	
교 회	

제24과
그물의 비유

성경 : 마 13:47-50

찬송 : 23, 501

"또 천국은 마치 바다에 치고 각종 물고기를 모는 그물과 같으니 그물에 가득하매 물 가로 끌어내고 앉아서 좋은 것은 그릇에 담고 못된 것은 내 버리느니라 세상 끝에도 이러하리라 천사들이 와서 의인 중에서 악인을 갈라내어 풀무 불에 던져 넣으리니 거기서 울며 이를 갈리라."(마 13:47~50)

본문은 어부가 바다에 던진 그물을 천국으로 비유했지만, 그물로서 고기를 잡고 모으는 과정보다 그 과정이 끝난 후의 상태, 즉 좋은 고기와 나쁜 고기를 분리하는 것에 초점이 맞춰져 있습니다. 그래서 다른 비유에서보다 마지막 하나님의 심판에 대해 훨씬 더 구체적으로 알려 주고 있습니다.

1. 바다에 던져진 그물.

주님은 천국을 그냥 그물이 아니라, 바다에 던져서 모든 고기를 모으는 그물로 비유하셨습니다. 그물이 바다에 던져졌다는 것은 농부가 씨를 뿌린 것이나 여인이 가루 속에 누룩을 넣었다는 것과 동일한 표현입니다. 그리고 그물을 던지는 동작은 이미 예수 그리스도 안에서 천국은 이미 시작되었다는 것을 말해 줍니다. 그물을 던지는 행위는 그물이 많은 종류의 물고기를 모으듯, 그리스도 안에서 천국에도 인종과 종족과 남녀를 구분하지 않고 많은 사람들을 불러 모아 구원하시는 것을 의미합니다.

유대 땅에서 초라하게 시작된 천국은 혈연이나 지연 그리고 사회의 모든 구조를 뛰어 넘었습니다. 2000년 전에 시작된 천국은 진리의 영이신 성령의 복음 사역을 통해서 시간과 공간의 경계를 뛰어넘어 하나님의 나라를 확장하여 가고 있습니다.

2. 그물에 걸린 물고기들.

물고기가 그물에 걸리는 것은, 우연히 또는 운이 없어 걸릴 수도 있습니다. 어떻든 많은 고기가 걸려들었고, 그물은 꽉 찼습니다. 오늘 우리 교회들도 많은 사람들이 주일날 모여 예배를 드리고 있습니다.

땅에 뿌려진 씨앗이 언제까지나 자라는 것만이 아니듯, 주님 안에서 이 땅에 시작된 천국도 언제까지나 사람들을 모으기만 하는 것은 아닙니다. 곡식이 다 익으면 낫을 대어 추수하여 알곡과 가라지를 구별해야 하고, 고기를 잡는 과정이 끝났으면 당연히 좋은 고기와 못된 고기를 분리해야 하는 것입니다. 이와 같이 죄로 인해 타락한 이 세상도 하나님의 나라가 새로운 이르면 당연히 새로운 질서로 회복되어 바뀌는 것이고, 그 질서가 바뀌는 마지막 때는 죄에 대한 하나님의 심판, 즉 악인과 의인을 구별하는 일이 이르게 됩니다.

알곡과 가라지 비유에서도 주님께서는 알곡과 가라지가 섞여 있다고 말씀하셨습니다. 본문에서 그물로 비유된 천국에도 좋은 고기와 못된 고기가 함께 있다는 사실을 다시금 반복적으로 설명하고 있습니다. 그러므로 하나님의 심판은 그물 밖에만 있는 것이 아니라 그물 안에까지 미칠 수밖에 없는 것입니다. 마지막 심판은 의인 중에서 악인을 골라내는 것임을 성경은 가르치고 있습니다.

3. 좋은 물고기와 나쁜 물고기.

그물에 걸린 고기들이라고 해서 다 좋은 상품이 될 수는 없습니다. 작아서 못 쓰는 것도 있고, 상해서 못 쓰는 고기도 있을 것입니다. 고기를 잡으며 어부들은 고기를 선별하여 너무 작거나 상한 것은 내버립니다. 이와 마찬가지로 천국이라는 그물에 걸려 들어왔다고 해서 자동적으로 하나님의 심판도 면하고 천국에 들어가는 것이 아니라는 것입니다.

오늘 말씀에서 어떤 것이 좋은 고기이며, 또 어떤 것이 못된 고기인지를 말씀하지는 않았습니다. 단지 주님께서는 자신이 심판장이 되실 그 마지막 날, 심판이 온 세상뿐 아니라 같은 방식으로 천국에도 임할 것이라고 말씀하신 것입니다. 이것은 당시에는 주님의 제자들에게 주시는 엄청난 경고였습니다. 오늘날의 경우도 마찬가지입니다. 교회만 다닌다고 주님의 제자가 되는 것이 아니며, 제자가 되었다고 만사가 다 해결되고 형통하는 것은 아닙니다.

누가 하나님의 선택된 백성인지 어떻게 구별할 수 있을까요? 이 비유는 천국이란 그물에 걸려 있는 자들로 자신에게 한번 적용해 볼 필요가 있습니다. 예수 그리스도를 믿음으로 구원을 받았으니 이제 자유롭게 살고 세상의 복이나 받자고 부르짖을 것이 아니라, 예수 그리스도를 하나님 나라(천국)의 왕으로 고백했다면, 그의 통치를 받는 그의 백성으로서 합당하게 사는 것이 우리의 삶이 되어야 할 것입니다.

말씀을 생각하며

1. 오늘의 말씀에서 가장 마음에 남는 말씀은 어떤 말씀입니까?

_____

_____

_____

_____

2. 왜 그 말씀이 마음에 남습니까?

_____

_____

_____

_____

3. 오늘 말씀을 읽고, 나의 신앙생활 속에서 고쳐야 할 점은 무엇입니까?

_____

_____

_____

_____

한 주간의 기도제목

나	
가 정	
교 회	

제25과
천국의 자리

성경 : 눅 14:7-11
찬송 : 92, 424

> "청함을 받은 사람들이 높은 자리 택함을 보시고 그들에게 비유로
> 말씀하여 이르시되 네가 누구에게나 혼인 잔치에 청함을 받았을 때
> 에 높은 자리에 앉지 말라 그렇지 않으면 너보다 더 높은 사람이 청
> 함을 받은 경우에 너와 그를 청한 자가 와서 너더러 이 사람에게 자
> 리를 내주라 하리니 그 때에 네가 부끄러워 끝자리로 가게 되리라."
> (눅 14:7~9)

아인슈타인은 "사람의 앉아 있는 자리가 그 사람을 변화시켜 주는
것처럼 생각하지 말고 가치 있는 인간이 되기 위해 노력하라"고 말했
습니다. 우리는 "자리가 사람을 만든다"는 착각에 빠질 때가 있습
니다. 못난 사람도 특정한 자리에 앉아서 일을 하면 그 역할을 누구나
할 수 있다고 여깁니다. 또 지금 내가 있는 자리가 나의 능력에 비해
부족하다고 여길 때가 있습니다. 더 높고 좋은 자리에 가야 하는데,
때를 못 만났다고 여깁니다. 우리는 자기가 앉아야 할 자리를 바로 알
고 앉는 사람이 되어야 합니다.

1. 상좌에 앉지 말아야 합니다

우리는 무엇을 보든지 먼저는 육안으로 보는 것을 제일 중요하게
생각하고 거기에 집착해서 매달립니다. 우선은 눈에 보이는 것이 남
들보다 좋게 보여야 한다는 강박 관념에 우리는 매여 있습니다. 하나
님께서 그리스도인들에게 진정 원하시는 영안으로 보는 것에는 그리
많은 관심을 기울이지 않습니다. 그래서 말석에 앉으면 창피하다고
생각합니다. 자리, 명예, 모양새 모든 것에서 육안에 보이는 상석에
집착하는 것이 우리의 모습입니다.

그러나 그리스도인은 사람들이 우리를 어떻게 보느냐 하는 것에 관심을 두는 것이 아니라 하나님께서 우리를 어떻게 보시느냐 하는 것에 관심을 두어야 합니다. 아무리 높은 자리에 앉아 있어도 하나님이 낮은 자리라 하면 낮은 자리요, 사람들 보기에 아무리 낮은 자리 같아도 하나님께서 높이신 자리면 그 자리가 영광된 자리가 됩니다.

2. 말석에 앉아야 합니다

기독교 신앙은 드러나는 상석에 앉았을 때 높여지는 것이 아니라 자신을 낮추고 사는 자리에서 더 높임을 받습니다. 누구보다도 하나님을 섬기는 일에 열심이었던 바리새인과 율법사들은 연회에서, 사람들이 모이는 장소에서는 항상 가장 좋은 자리를 원했습니다. 예수께서 그들에게 "그들의 모든 행위를 사람에게 보이고자 하나니 곧 그 경문 띠를 넓게 하며 옷술을 길게 하고 잔치의 윗자리와 회당의 높은 자리와 시장에서 문안 받는 것과 사람에게 랍비라 칭함을 받는 것을 좋아하느니라"(마23:5~7)고 하셨습니다.

이것은 비단 바리새인과 서기관의 문제만이 아닙니다. 오늘날도 우리가 그리스도인이라 하면서도 늘 범하고 있는 잘못 가운데 하나입니다. 눈으로 보이는 높은 자리를 선호하기 때문에 권력에 집착해야 하고, 먹고 마시고 입는 일에 더 많은 관심을 기울여야 하고, 남들보다 한 걸음이라도 더 가 있어야 하는 조급함에 시달리고 있습니다. 그러나 예수님의 말씀은 이런 우리의 생각과는 반대로 "청함을 받았을 때에 차라리 가서 말석에 앉으라"고 말씀하십니다. 자신을 낮추어 처신하면 상대가 신분에 맞도록 합당한 자리에 앉혀 준다는 것입니다. 그렇게 될 때에야 진정으로 높아진다는 것입니다.

3. 자기를 낮추면 높아집니다

눈에 보이는 가장 좋은 자리를 차지하기 위해서 자리다툼을 하는 사람들은 다른 사람들을 자기가 밟고 올라서야 할 층계처럼 생각합니다. 그러나 우리 자신의 수단과 방법으로 높여놓은 자리는 잠시일 뿐입니다. 하나님께서 공고하게 높여놓은 자리가 아니면 언젠가는 무너집니다. 하나님이 사람을 높이시는 방법은 말석에 앉은 사람을 들어서 높은 자리에 옮겨 놓으시는 것입니다. 하나님이 높여서 올려놓은 자리여야 공고한 자리가 되고, 영화로운 자리가 되고, 영원한 자리가 될 수 있습니다.

또한 나보다 주님이 높아지셔야 합니다. 우리가 지금 있는 자리, 집착하고 있는 자리에서 내려와 말석으로 가려는 용기가 있어야 합니다. 내려오는 사람에게 하나님은 더 높여주시는 은혜를 주십니다. 말석을 향해 가는 것이 자신을 낮추는 것 같으나 하나님께서 높이는 길로 가는 길입니다.

낮아지는 성도가 많은 교회가 좋은 교회입니다. 높아지려는 사람보다 낮아지려는 사람이 많은 사회와 국가가 좋은 사회입니다. 그 몫은 그리스도인들의 몫입니다. 우리 성도들이 이 땅에서는 겸손하게 낮아지나 하나님 나라에서는 높아지는 하나님의 백성들이 되시기를 원합니다.

말씀을 생각하며

1. 오늘의 말씀에서 가장 마음에 남는 말씀은 어떤 말씀입니까?

_____

_____

_____

_____

2. 왜 그 말씀이 마음에 남습니까?

_____

_____

_____

_____

3. 오늘 말씀을 읽고, 나의 신앙생활 속에서 고쳐야 할 점은 무엇입니까?

_____

_____

_____

_____

한 주간의 기도제목

나	
가 정	
교 회	

제26과
무화과 잎이 피면

성경 : 마 24:29-35, 눅 21:25-33

찬송 : 179, 176

"무화과나무의 비유를 배우라 그 가지가 연하여지고 잎사귀를 내면
여름이 가까운 줄을 아나니 이와 같이 너희도 이 모든 일을 보거든
인자가 가까이 곧 문 앞에 이른 줄 알라."(마 24:32-33)

가지가 푸른 잎에 싸이면 시기적으로 여름이 가까이 왔다는 표징입
니다. 이와 같이 그리스도께서 재림하시는 세상 끝이 오기 전에 이런
징조들이 나타날 것을 말씀하시고, 그런 징조들을 보면서 주님의 재
림이 임박함을 인식하고 깨어있으라고 권면하셨던 것입니다. 말세의
비밀을 벗겨 주는 열쇠 가운데 하나가 "무화과나무의 비유"입니다.

1. 무화과는 이스라엘을 상징합니다

이스라엘의 3대 과일은 포도와 석류, 그리고 무화과입니다(민 13:2
3, 신 8:8). 그 중에서도 특히 무화과는 가장 흔한 것이었습니다. 그
래서 무화과의 열매는 "가난한 자들의 양식"이라고 말합니다. 그러
기에 사람들은 때때로 팔레스틴을 가리켜 "무화과의 땅"이라고 부르
기도 합니다.

무화과는 약속된 땅의 풍요를 상징했습니다(신 8:8). 그래서 무화
과나무 아래 있는 것은 가장 평화로운 환경을 상징하였습니다(왕상
4:25, 미 4:4, 슥 3:10). 그러나 반대로 마른 무화과는 이스라엘의 재
난을 상징하였습니다(호 2:12, 욜 1:7, 12). 그러므로 이 무화과나무
의 비유는 이스라엘에 실제적으로 일어나는 역사적인 사건들이 말세
의 가장 중요한 징조 가운데 하나임을 알 수 있습니다.

2. 핵심은 잎사귀입니다

무화과는 열매가 먼저 맺히고 나서 잎사귀가 나오는 나무입니다. 봄에 새 가지를 내고 새로운 잎사귀를 내는 무화과는 우기인 겨울이 되기 직전에 나뭇잎이 떨어지는데, 봄에 새롭게 나기 시작한 무화과의 잎사귀가 무성해지면 그때는 여름이 된 때입니다.

이런 무화과의 잎은 매우 특이합니다. 그 잎은 넓어서 그늘을 만들어 줍니다(미 4:4, 슥 3:10). 무화과의 잎은 무게가 많이 나가기 때문에 잎사귀가 무성해지면 가지는 저절로 땅으로 향해 휘어지게 됩니다. 그리고 약 12m까지 자랄 수 있는 키가 큰 무화과나무는 무성한 잎 때문에 사람이 그 나무 아래 있으면 자연히 햇빛을 볼 수 없게 됩니다. 그러므로 그 나무의 밑은 시원한 그늘이 만들어져 사람들이 종종 쉬는 장소가 되곤 하였습니다.

또한 사람이 무화과나무 아래 있을 때에는 무화과의 늘어진 가지와 무성한 잎 때문에 밖을 볼 수 없는 경우가 종종 있게 됩니다. 그래서 예수님이 무화과나무 아래 있는 나다나엘을 보았다고 말씀하셨을 때 나다나엘이 놀랐던 것입니다(요 1:48, 50).

그 그늘 밑에 있는 사람들에게는 태양이 가려지며, 밖의 사물을 볼 수 없는 상태가 됩니다. 뜨거운 햇빛이 가려짐으로 자유함을 느낄 수 있으나 의의 태양이신 하나님이 가려져서 그 하나님을 볼 수 없는 세상이 될 것임을 나타냅니다. 즉 세상의 그늘 아래에서 하나님의 빛이 가려짐을 의미합니다. 사람들은 하나님을 알 수도 없고, 볼 수도 없는 그런 사회가 됨을 가르쳐 주시는 것입니다.

이와 같이 하나님이 가려진 세상은 분명 하나님과는 상관없는 세상이 될 것이며, 가장 세상적이며, 가장 쾌락적이며, 가장 타락된 사회가 될 것입니다. 그때 사람들이 느끼는 감정은 성경의 속박과 구속과 예수 그리스도를 위하여 받아야 할 고통을 벗고 쾌락적인 세상적인 기쁨을 누린다는 것입니다. 즉 그늘의 시원함을 느끼는 상태가 됨을 가르쳐 주십니다. 그러나 이때가 영적으로 가장 불행한 때임을 사람들 스스로가 알 수 없는 그런 시대입니다.

3. 그리스도를 통하여 하나님을 봅니다

그리스도를 온전히 믿는 자는 그 안에 계신 하나님을 볼 수 있지만, 예수님을 온전히 믿지 못하는 자들은 그 안에 계신 살아 계신 하나님을 볼 수 없습니다. 그리스도에 대한 믿음이 하나님 보는 열쇠입니다. 예수님에 대한 전적인 믿음은 하나님을 볼 수 있지만, 예수 그리스도에 대한 불신앙은 하나님을 볼 수 없는 가장 불행한 사람으로 만드는 것입니다.

신앙생활을 하면서 하나님을 볼 수 없는 사람이 된다면, 그 사람처럼 불행한 사람은 없을 것입니다. 세상적인 사람도 못되어 세상 사람들과 같이 죄의 쾌락을 누리지도 못하고, 그렇다고 신앙적인 사람도 못되어서 세상이 줄 수 없는 하나님의 신령한 기쁨과 은혜를 누리지도 못하며, 또한 온전히 보호하시는 하나님의 복을 누리지 못하게 됩니다. 반쪽 신앙인이 되는 것입니다.

우리는 온전한 그리스도인이 되어 하나님의 보호와 주시는 복을 누리는 성도들이 되어야 하겠습니다.

말씀을 생각하며

1. 오늘의 말씀에서 가장 마음에 남는 말씀은 어떤 말씀입니까?

_____

_____

_____

_____

2. 왜 그 말씀이 마음에 남습니까?

_____

_____

_____

_____

3. 오늘 말씀을 읽고, 나의 신앙생활 속에서 고쳐야 할 점은 무엇입니까?

_____

_____

_____

_____

한 주간의 기도제목

나	
가 정	
교 회	

7월

충실한 청지기의 삶

제27과
신실한 청지기

성경 : 마 24:45-51

찬송 : 511, 93

"충성되고 지혜 있는 종이 되어 주인에게 그 집 사람들을 맡아 때를
따라 양식을 나눠 줄 자가 누구냐 주인이 올 때에 그 종의 이렇게
하는 것을 보면 그 종이 복이 있으리로다."(마 24:45~46)

하나님은 우리를 세상에 보내시면서 각자에게 청지기로서 일을 맡
기셨습니다. 청지기는 주인이 원하는 대로 자신에게 맡겨진 일에 최
선을 다하여 주인을 기쁘게 하는 것이 가장 중요한 목적입니다. 그러
므로 청지기는 거짓과 게으름과 불성실과는 거리가 있는 사람들입니
다.

오늘 본문에서 신실한 청지기는 어떤 자이어야 하는지 살펴보면서
우리 모두 하나님을 기쁘게 하는 청지기의 삶으로의 전환이 있기를
바랍니다.

1. 신실한 청지기의 지도력

우리에게는 맡겨진 사명이 있습니다. 그 사명은 자신만을 위한 것
이 아니라 다른 사람을 향한 의무를 반드시 포함하기에 사명이라 말
하는 것입니다. 그러므로 교회에서나 사회에서 우리는 자신만을 위해
애쓰는 사람이 아니라, 나에게 주신 능력과 직분을 따라 하나님이 기
뻐하시는 신실한 청지기로 나보다 약한 자를 돕고 공동체의 건강한
성장을 위해 노력해야만 합니다.

청지기는 영적 지도력이 있어야 합니다. 지도력이라고 하는 것은
인간의 힘으로만 세워지는 것이 아니며, 터무니없는 카리스마가 있다
고 해서 되는 것도 아닙니다. 성경에서 말하는 지도력은 영적인 파워

가 있어야 하고, 사람을 진실로 사랑해야 하고 자신의 욕심을 버릴 때 세워지는 것입니다.

성경의 인물들 가운데 사무엘이 가장 모범적인 지도자라 말할 수 있습니다. 하나님의 전에서 생활하면서 영적으로 하나님과 늘 긴밀한 관계를 맺으면서 살았습니다. 그리고 사사가 되어서는 이스라엘 백성들이 블레셋과의 전쟁에 나설 때, 그는 전쟁에 앞서 미스바에 온 백성들을 모이게 하여 함께 자신들의 잘못을 회개함으로 영적인 무장을 칼과 창을 준비하는 것보다 영적으로 무장하는 것을 우선시 하여 이스라엘을 신앙의 힘으로 이끌면서 승리케 하였던 지도자였습니다. 또한 사무엘은 자신의 욕심을 채우기 위해서 일하지 않았습니다. 그는 오직 백성들을 염려하고 사랑하면서 그들을 위해 자신의 삶 전체를 거짓 없이, 욕심 없이 헌신했습니다. 이런 지도자가 진정한 청지기라고 할 수 있습니다.

2. 영의 양식을 공급하는 청지기

청지기가 갖추어야 할 조건은 "제 때에 양식을 내주라"는 말씀에서 찾을 수 있습니다. 여기서 말하는 양식이란 영의 양식으로, 나보다 신앙이 연약한 사람들에게 영의 양식을 먹여 그들로 하여금 믿음의 진보와 성숙한 신앙에 이르도록 해야 한다는 것입니다.

영의 양식은 하나님의 말씀입니다. 청지기는 하나님이 어떤 뜻을 가지고 계시는지 진리에 대한 해답을 구하는 연약한 자들에게 하나님의 말씀을 잘 증거하여, 그들이 영적인 기갈에 놓이지 않도록 해야 할 사명이 있습니다.

영적인 양식을 공급하기 위해서 우리는 내 자신부터 하나님 말씀에 대해서 잘 알아야 하고 말씀의 능력을 확신하여야 합니다. 그러기 위해서 하나님 말씀을 읽고 묵상하고 그 말씀대로 살아가면서 말씀이 자신의 삶에 살아 역동할 수 있도록 해야 합니다. 그러므로 청지기는 하나님의 말씀을 많이 읽을 뿐만 아니라 열심히 하나님의 말씀을 듣고, 자신의 삶에 그 말씀을 실천하면서 확신 있는 청지기가 되어야 합니다.

3. 청지기에게 주시는 축복

하나님은 우리를 청지기로 이 땅에 보내셨습니다. 그리고 우리 주님은 충성스럽게 자신에게 맡겨진 사명을 제대로 감당하고 있는지 확인하기 위해서 반드시 이 땅에 오십니다. 그 때와 시기는 아무도 알 수 없습니다. 그러므로 우리는 언제나 한결 마음으로 주님께서 맡겨 주신 사명을 성실히 이행할 수 있어야 합니다.

참 된 복이란 아무 것도 하지 않고 좋은 것을 누리는 것이 아니라, 자기에게 맡겨진 사명을 감당할 때 주어지는 상급입니다. 하나님이 주시는 복은 신실한 청지기로 자신에게 주어진 사명을 잘 수행한 자들이 누리는 것입니다. 평상시에는 아무 것도 하지 않고 자신의 욕심만을 생각하고 무엇인가를 얻으려고 발버둥치는 사람들이 우리 주변에 얼마나 많습니까? 혹 이러한 사람들이 탐욕으로 무엇을 얻는다 하더라도, 영적인 지도력과 영적 양식을 공급하는 자로서 신실한 삶을 살지 않는다면, 그것은 절대로 복이 될 수 없으며 오히려 그 사람을 파멸로 몰아갈지도 모릅니다.

신실한 청지기는 영적 지도력의 소유자로 사람을 사랑하고 하나님의 관점에서 세상을 볼 수 있어야 하며, 자신의 욕심을 우선시 하지 말고 전체를 먼저 생각해야 합니다. 우리는 선한 청지기로 하나님이 주시는 복을 풍성히 누릴 수 있기 원합니다.

말씀을 생각하며

1. 오늘의 말씀에서 가장 마음에 남는 말씀은 어떤 말씀입니까?

_____
_____
_____
_____

2. 왜 그 말씀이 마음에 남습니까?

_____
_____
_____
_____

3. 오늘 말씀을 읽고, 나의 신앙생활 속에서 고쳐야 할 점은 무엇입니까?

_____
_____
_____
_____

한 주간의 기도제목

나	
가 정	
교 회	

제28과
무익한 종

성경 : 눅 17:7-10
찬송 : 290, 295

"너희 중 누구에게 밭을 갈거나 양을 치거나 하는 종이 있어 밭에서
돌아오면 그더러 곧 와 앉아서 먹으라 말할 자가 있느냐 도리어 그
더러 내 먹을 것을 준비하고 띠를 띠고 내가 먹고 마시는 동안에 수
종들고 너는 그 후에 먹고 마시라 하지 않겠느냐 명한 대로 하였다
고 종에게 감사하겠느냐 이와 같이 너희도 명령 받은 것을 다 행한
후에 이르기를 우리는 무익한 종이라 우리의 하여야 할 일을 한 것
뿐이라 할지니라."(눅 17:7~10)

   종이라는 의식에 대해서는 누구보다도 사도 바울이 철저한 사람이
었습니다. 그의 편지 가운데에는 언제나 "그리스도의 종"이라는 말
이 빠지지 않았습니다. 그는 노예라는 것이 어떤 것인가를 잘 아는 사
람이었습니다. 그럼에도 그는 자기를 예수님의 종이라고 지속적으로
강조하고 있습니다. 이제 본문에 나타난 종의 모습을 생각해 봅시다.

1. 종에게는 소유권이 없습니다

   종은 가진 것도 없지만 자기의 생명마저도 자기의 것이 아닙니다.
그 때문에 마음대로 죽지도 못합니다. 자기의 재능은 물론 자신이 낳
은 자녀까지 주인의 것이 되고 맙니다. 모두가 주인의 것일 뿐 자신의
것은 하나도 없습니다. 그러나 그리스도의 종인 우리는 모든 것을 내
것이라 주장하고, 거기다가 하나님께 기도하여 더 많은 복을 받아 하
나님의 것을 내 것으로 삼겠다고 합니다.

   모든 것이 하나님의 것입니다. 내 것은 아무 것도 없습니다. 내가
무엇인가를 좀 했다고 생각하는 것도 주님께서 나를 통하여 나타내신
것입니다. 또한 내가 말씀을 전했다 해도 주님께서 내 입술을 통하여
역사하신 것입니다. 나 자신마저도 나에게는 전혀 소유권이 없습니

다. 이것이 종의 모습이요 종의 의식입니다.

2. 종은 절대 순종합니다

종은 무슨 일을 왜, 언제, 어디서, 어떻게 하며 묻거나 따지지 않습니다. 가라면 가고, 오라면 오는 것입니다. 폭우가 몰아치는 악천우에도 종에게는 이유가 없습니다. 본문에 보면 한 종이 하루 종일 밖에서 고된 일을 하다가 돌아왔습니다. 그래서 배도 고프고 피곤합니다. 그런데 주인은 음식을 준비하고 자기 먹는 동안에 수종을 들며 심부름을 한 다음에 먹으라고 합니다. 하지만 종은 이의를 제기거나 판단할 권리가 없습니다. 그저 주인이 양을 치라면 양을 치고, 밭을 갈라면 밭을 갈아야 합니다. 하루 종일 일하고 돌아왔더라도 또 일하라면 해야 합니다. 이런 마음으로 주님을 섬길 때 여기에 바로 믿음이 있고, 그 믿음은 자라나게 되는 것입니다.

여기에 비해 우리는 너무나 가리고 따지는 것이 많습니다. 그렇기 때문에 우리의 믿음이 자라지 않는다는 것을 알아야 합니다. 진정으로 믿음이 자라기를 바란다면 주님에 대한 절대 순종, 절대 위탁이 있어야 합니다. 그럴 때에 주인의 말씀이 종에게서 능력화 되어 그것이 종으로 하여금 능력을 생산하게 된다는 것입니다. 종에게는 지혜가 없습니다. 그러나 주인이 지혜롭게 주신 말씀대로 하면 지혜로운 자가 됩니다. 또한 종에게는 능력이 없습니다. 하지만 주인이 하라는 대로 할 때에 능력을 발휘하는 자가 됩니다.

3. 종에게는 보상이 없습니다

일꾼에게는 일의 대가로 삯을 줍니다. 그러나 종에게는 보상이 없습니다. 뿐만 아니라 수고했다는 인사도 없습니다. 보상은 없더라도 알아주기라도 해야겠는데 그것도 아닙니다. 모두들 보면 결국은 알아주지 않는다고 불평하지 않습니까? 그러나 정말 종의 마음을 가지고 있는 사람은 알아주기를 바라지도 않고, 낙심하지도 않습니다. 우리는 흔히 무엇인가 좋은 반응, 최소한 칭찬이라도 받아야 될 것이 아니냐는 당위성을 말하게 됩니다. 그러나 그 마음 가지고는 믿음이 자랄 수 없습니다. 사례도 없고, 보수도 없는 이것이 바로 예수 그리스도의 종입니다. 어떠한 경우에 있어서도 칭찬이나 보수를 전혀 바라지 않는 깨끗한 마음, 그 마음으로 살아가는 자에게 믿음의 능력이 있습니다.

4. 종은 불평을 하지 않습니다

종은 불평이나 원망을 전혀 하지 않습니다. 여기에는 절대 의무, 절대 순종이 있을 뿐입니다. 하나님의 일을 하는 사람은 딴소리를 하거나 불평하는 마음이 없어야 합니다. 수고하였으나 그 마지막 생각은 "우리는 무익한 종이라" 는 것입니다. 지칠 만큼 많은 수고를 하고도 한 것이 없다는 말입니다. 했다고 하더라도 마땅히 하여야 할 일을 한 것뿐이라는 이야기입니다.

우리가 가정생활을 하는 데 있어서도 자식을 위해 수고하는 부모의 마음이, 그리고 아내의 마음이, 남편의 마음이 서로를 불평하지 말아야 문제가 없을 것입니다. 무엇이나 내가 하는 일은 부족하다고 하는 마음, 수고하고도 부족하고 주고도 부족하며 오히려 미안해지는 마음이 되는 거기에 진실이 있고 믿음이 있는 것입니다. 그렇게 되면 믿음은 자라게 됩니다. 우리는 무슨 일을 하든지 "나는 무익한 종입니다." 하는 자기의식 속에서 보다 더 성장하기를 바랍니다.

말씀을 생각하며

1. 오늘의 말씀에서 가장 마음에 남는 말씀은 어떤 말씀입니까?

_____

_____

_____

_____

2. 왜 그 말씀이 마음에 남습니까?

_____

_____

_____

_____

3. 오늘 말씀을 읽고, 나의 신앙생활 속에서 고쳐야 할 점은 무엇입니까?

_____

_____

_____

_____

한 주간의 기도제목

나	
가 정	
교 회	

제29과
잊고 사는 사람

성경 : 눅 16:1-13

찬송 : 580, 255

> "또한 제자들에게 이르시되 어떤 부자에게 청지기가 있는데 그가 주
> 인의 소유를 낭비한다는 말이 그 주인에게 들린지라 주인이 그를 불
> 러 이르되 내가 네게 대하여 들은 이 말이 어찌 됨이냐 네가 보던
> 일을 셈하라 청지기 직무를 계속하지 못하리라 하니"(눅 16:1~2)

돈만 보면 어쩔 줄 모르고 좋아하는 구두쇠가 있었습니다. 그는 돈
을 벌 줄은 알았지만 쓸 줄은 모르는 사람이었습니다. 그는 돈으로 금
덩이를 사서 땅에 묻어두었습니다. 그런데 도둑이 금덩이를 모두 훔
쳐가 버렸습니다. 금덩이가 없어진 것을 안 구두쇠가 통곡했습니다.
친구가 찾아와서 "이미 지난 일일세. 잊어버리게."라고 위로하자,
구두쇠는 먹고 싶은 것 안 먹고, 입고 싶은 것 안 입고 모은 것을 어찌
잊을 수 없다고 했습니다. 친구는 "정 그렇게 억울하면 금덩이 대신
돌멩이를 구덩이에 채워놓게. 어차피 사용하지 않을 물건이지 않은
가."라고 했습니다. 오늘 말씀에서 "네 보던 일을 셈 해보라"는 의
미는 무엇입니까?

1. 주인이 계신다는 것을 잊었습니다

이 청지기는 주인이 오랫동안 돌아오지 않는 동안 주인을 까마득하
게 잊어버렸습니다. 급기야 자기가 주인인 줄로 착각했습니다. 그런
데 주인이 오신다는 연락을 받고야 주인이 있었다는 사실을 깨닫게
되었습니다. 이 청지기에게는 사실 주인이 있으나마나한 존재, 아무
의미가 없는 존재였습니다. 그런데 주인이 계산을 하자고 할 때 비로
소 주인의 존재를 의식하게 되었습니다.

우리는 주인 되시는 하나님을 의식하면서 살아가고 있습니까? 혹

시 내 인생의 주인이 나 자신이라고 착각하고 있지는 않습니까? 우리의 주인은 내가 아니고 하나님이십니다. 그런데 우리는 하나님이 주인이라는 것을 잊어버리고 내 마음대로 인생을 살아가고 있지는 않습니까? 주인이신 하나님을 잊어버리고 자기 마음대로 사는 사람에게도 주인과 결산하는 날이 다가오고 있습니다.

오늘 말씀에 나타난 청지기는 주인을 잊어버리고 산 사람입니다. 그러나 늦게나마 자기에게 주인이었다는 사실을 발견한 것입니다. 우리들도 우리 인생의 주인 되시는 하나님을 발견하고, 주인의 뜻대로 살아야 할 것입니다.

2. 셈을 하여야 한다는 것을 잊었습니다

주인이 있다는 사실을 아는 한 내가 주인이 될 수는 없습니다. 주인을 발견하는 순간 자기는 주인이 아니요 청지기에 불과하다는 사실을 깨달아야 합니다. 그런데 우리는 하나님의 것을 내 것이라고 생각하고 내 마음대로 할 수 있다고 생각합니다. 그러나 사실은 내 마음대로 할 수 있는 것은 아무 것도 없습니다. 우리는 단순히 주인의 것을 맡아서 관리하는 청지기일 뿐입니다.

누가복음 12장에 보면 아주 비극적인 어리석은 부자의 이야기가 나옵니다. 이 부자는 농사가 잘 되어 가는 것을 보고 지금까지 사용하던 창고로서는 많은 수확물을 다 간수하기 어렵겠다는 생각이 들었습니다. 그래서 창고를 확장하였습니다. 곡식을 걷어 들여 창고에 가득 가득 쌓아 놓았습니다. 그는 너무 만족했습니다. 생각만 해도 배가 부른 것을 느꼈습니다. 그는 "내 영혼아, 여러 해 쓸 물건을 많이 쌓아 두었으니 평안히 쉬고 먹고 마시고 즐거워하자."고 자기 자신에게 말했습니다. 그런데 하나님은 "어리석은 자여 오늘밤에 네 영혼을 도로 찾으리니 그러면 네 예비한 것이 누구의 것이 되겠느냐?"고 하십니다. 그는 진짜 주인이신 하나님께서 회계하실 것을 잊어버리고 있었던 것입니다.

"이는 우리가 다 반드시 그리스도의 심판대 앞에 나타나게 되어 각각 선악

간에 그 몸으로 행한 것을 따라 받으려 함이라."(고후 5:10)

3. 주인의 마음을 깨닫게 된 것입니다

이 청지기는 청지기의 신분을 잊어버리고 주인을 기억하지 못하고 자기 마음대로 살다가 주인이 온다는 소식을 듣고 자기가 관리하는 일에 실패한 사실을 깨닫게 되었습니다. 자기 마음대로 사용해서 주인에게 많은 손해를 끼친 것이 분명하기 때문에 주인이 오면 큰일입니다.

최후의 심판 때 주님께서 사람들을 불러놓고 이런 질문을 하십니다. "너희들은 내가 주릴 때 먹을 것을 주었느냐? 내가 목마를 때 마시게 하였느냐? 내가 나그네 되었을 때 나를 영접하였느냐? 내가 벗었을 때 옷 입혔느냐? 내가 병들었을 때와 옥에 갇혔을 때 나를 돌아보았느냐?"(마 25:42, 43)

우리는 하나님의 일을 맡은 청지기입니다. 내 삶을 통하여 하나님의 뜻을 이루는 신실한 청지기가 되어야 합니다. 주님이 심판하실 때에, "그 주인이 이르되 잘 하였도다 착하고 충성된 종아 네가 작은 일에 충성하였으매 내가 많은 것으로 네게 맡기리니 네 주인의 즐거움에 참여할지어다."(마 25:21, 23) 하는 말씀을 듣기를 원합니다.

말씀을 생각하며

1. 오늘의 말씀에서 가장 마음에 남는 말씀은 어떤 말씀입니까?

_____

_____

_____

_____

2. 왜 그 말씀이 마음에 남습니까?

_____

_____

_____

_____

3. 오늘 말씀을 읽고, 나의 신앙생활 속에서 고쳐야 할 점은 무엇입니까?

_____

_____

_____

_____

한 주간의 기도제목

나	
가 정	
교 회	

제30과
악한 종

성경 : 눅 12:42-48

찬송 : 220, 449

> "주께서 이르시되 지혜 있고 진실한 청지기가 되어 주인에게 그 집 종들을 맡아 때를 따라 양식을 나누어 줄 자가 누구냐 주인이 이를 때에 그 종이 그렇게 하는 것을 보면 그 종은 복이 있으리로다 내가 참으로 너희에게 이르노니 주인이 그 모든 소유를 그에게 맡기리라."(눅 12:42-43)

오늘 본문의 말씀은 바리새인들의 누룩 곧 외식을 주의하라는 말씀을 시작으로, 마땅히 두려워할 자 곧 죽인 후에 지옥에 던져 넣는 자를 두려워하라, 인자를 거역하는 문제 곧 말로 인자를 거역하면 사함받을 수 있으나 성령을 모독하는 자는 사함이 없다, 어리석은 부자의 비유를 통하여 의식주 문제를 염려하지 말라, 허리에 띠 띠고 주 맞을 수 있도록 너희도 예비하고 있으라는 주님의 말씀에, 베드로가 "지혜 있고 진실한 청지기가 되어 주인에게 그 집 종들을 맡아 때를 따라 양식을 나누어 줄 자가 누구냐?" 라는 질문에 주님이 주시는 대답입니다. 우리 성도들도 때를 따라 양식을 나누어주는 일에 함께해야 하겠습니다.

1. 때를 따라 양식을 나누어주는 자는 누구입니까?

본문에는 세 종류의 사람이 나옵니다. 진실한 청지기와 그 집 종들 그리고 종입니다. 그 중에 진실한 청지기는 마지막에 복 받은 종이 됩니다.

때를 따라 양식을 나눠 줄 자는 '진실한 청지기' 라고 했습니다. 이 청지기는 주인의 종들 중에서 한 사람을 선택하여, 주인이 '그 집 사람들' 을 맡겼습니다. 진실한 청지기는 그 집 사람들 중에 한 사람입니다. 종도 될 수 있고 주인집의 식구 중의 하나도 될 수 있습니다. 잠언서에는 "슬기로운 종은 부끄러운 짓을 하는 주인의 아들을 다스리겠고 또 형제들 중에서 유업을 나누어 얻으리라"(잠 17:2)고 했습니다.

때를 따라 양식을 나누어 주는 자는 인자가 오시기를 기다리는 모든 사람들입니다. 그 중에는 목회자들도 있고 성도들도 있습니다. 목회자들은 목회자들대로 때를 따라 나누어 주어야 할 양식이 있고, 성도들은 성도들대로 때를 따라 나누어 주어야 할 양식이 있습니다. 이 일에 충실하라는 주님의 말씀이십니다. 각자가 맡은 양의 많고 적음의 차이가 있을 뿐입니다. 그러므로 주님의 재림을 고대하는 우리 모두가 다 때를 따라 양식을 나누어 주는 자라는 사실을 잊지 말아야 합니다.

2. 주인이 맡기신 양식입니다

본문에서 말하는 양식은 나누어 줄 양이 정해져 있는 배급량을 의미합니다. 즉, 주인이 돌아올 때까지 먹고 살 수 있도록 계산해서 나누어 줄 자에게 맡기신 것입니다. 그리고 '때'라는 단어는 '시대'를 의미하며, "때를 따라"는 것은 "시대를 분변(分辨)하여"라는 뜻이 됩니다. 즉 주인이 맡긴 양식으로 그 때의 상황을 잘 분변하여 필요한 것을 제때에 잘 나누어 주라는 것입니다. 그러므로 이 양식을 나누어 줄 자는 지혜로워야 하며 진실해야만 했습니다.

우리는 주인이 맡겨준 양식을, 주인이 맡긴 집 사람들에게 때를 따라 적절하게 나누어 주는 청지기입니다. 이런 사람이 되기 위해서는 지혜 있고 진실한 청지기가 되어야 합니다. 주인의 칭찬을 들을 수 있는 청지기는 지혜와 진실이 한데 어우러진 청지기입니다. 요즘처럼 지혜만 있고 진실이 없는 청지기가 판을 치는 세상이 되어서 온갖 부정부패와 비리로 성실한 사람들이 살맛을 잃고 있는 이 시대에는 참으로 지혜 있고 진실한 청지기가 요구됩니다. 이것은 다시 오실 주님을 맞이할 준비를 갖추어 영원한 구원을 얻도록 복음을 전하는 것을 말합니다.

3. 주인이 돌아와 더 큰 것을 맡기십니다

주인은 돌아와서 보고, 지혜롭고 진실한 청지기가 되어 때를 따라 양식을 나누어 주는 자에게 자신의 모든 소유를 맡기겠다고 했습니다. 모든 소유를 맡긴다는 것은 그만큼 신임한다는 것입니다. 애굽의 시위대장 보디발이 요셉을 가정 총무로 세운 것처럼, 자기 집의 관리자로 세운다는 것입니다.

마태복음 25장 21절에 "그 주인이 이르되 잘하였도다. 착하고 충성된 종아 네가 작은 일에 충성하였으매 내가 많은 것으로 네게 맡기리니 네 주인의 즐거움에 참여할지어다"라고 합니다.

우리는 주님이 나에게 맡겨 주신 것이 무엇인지 한번 깊이 생각해 보아야 합니다. 각자 나름대로의 재능도 있고, 각자 나름대로의 건강도 있고, 각자 나름대로의 재물도 있고, 각자 나름대로의 시간도 있습니다. 각자 나름대로 받은 것을 가지고 때를 따라 필요한 사람들에게 나누어 주는 삶을 살아야 합니다.

말씀을 생각하며

1. 오늘의 말씀에서 가장 마음에 남는 말씀은 어떤 말씀입니까?

_____

_____

_____

_____

2. 왜 그 말씀이 마음에 남습니까?

_____

_____

_____

_____

3. 오늘 말씀을 읽고, 나의 신앙생활 속에서 고쳐야 할 점은 무엇입니까?

_____

_____

_____

_____

한 주간의 기도제목

나	
가 정	
교 회	

나를 돌아보는 삶

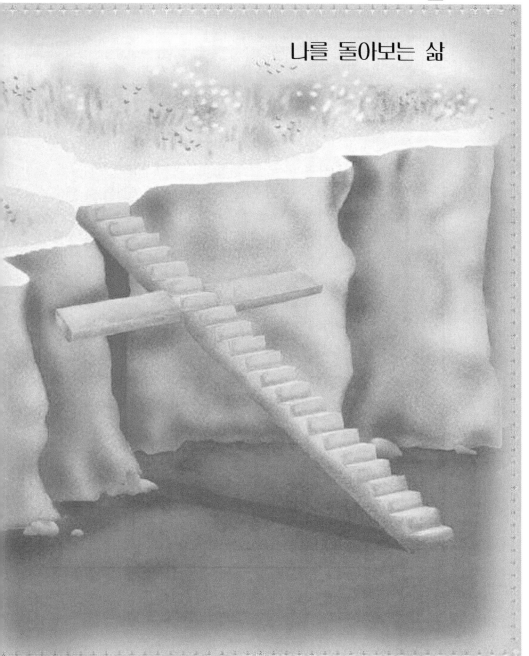

제31과
양과 목자

성경 : 요 10:1-6
찬송 : 569, 419

"문지기는 그를 위하여 문을 열고 양은 그의 음성을 듣나니 그가 자기 양의 이름을 각각 불러 인도하여 내느니라 자기 양을 다 내놓은 후에 앞서 가면 양들이 그의 음성을 아는 고로 따라오되 타인의 음성은 알지 못하는 고로 타인을 따르지 아니하고 도리어 도망하느니라."(요 10:1~6)

성경에는 여러 가지 비유가 기록되어 있지만 예수님과 우리와의 관계를 가장 적절하게 표현한 비유는 양과 목자의 비유입니다. 예수님은 팔레스타인 지역에서 흔히 볼 수 있는 목양의 문화적 배경을 가지고 자신만이 선한 목자이심을 증거셨습니다. 오늘도 본문을 통하여 하나님의 음성을 들을 때 참 목자이신 예수님만 따르며 그 음성을 들으며 순종하기를 원합니다.

1. 자기 양을 아는 목자

선한 목자는 양을 잘 안다고 했습니다. 여기 "안다"는 것은 그저 겉모습을 보고 아는 정도를 말하지 않습니다. 히브리적 사고에서 "안다"고 할 때는 어떤 사실을 구체적으로 경험하고 체험한 사실을 의미합니다. 그 양의 본래도 알고, 연약도 알고, 이름도 알고, 음성도 안다는 것입니다.

선한 목자 되신 예수님은 우리를 철저히 아십니다. 우리의 중심을 알고, 우리의 약함을 아시고, 우리의 죄성을 다 아십니다. 그리고 우리의 요구가 무엇이며, 우리가 고민하고 있는 문제가 무엇인지를 다 아십니다. 우리의 질고도 아시고, 우리의 고통도 아시고, 가슴속에 숨겨진 아픔도 다 아십니다. 주님은 우리의 모든 형편을 다 아십니다.

우리의 앉고 일어섬을 아십니다. 우리의 생각도 아십니다. 모든 것을 아시는 예수님은 우리를 향해 '내 양'(14절)이라고 하셨습니다. 이것은 양의 소유가 누구인지를 분명히 나타내 주는 말씀입니다.

그리고 참 목자이신 예수님은 자기 양의 이름을 각각 불러 인도하여 낸다고 말씀하고 있습니다(3절). 목자는 각 양마다 이름을 지어 주었습니다. 그 양의 특성과 성격에 따라 이름을 지어 주었습니다. 이렇게 붙여진 이름은 양들을 부르는 수단이자, 소유권의 표시가 되었습니다. 주님은 우리 한 사람 한 사람을 상대하며 우리를 멸망의 자리에서 불러내셨습니다. 절망의 자리에서, 슬픔의 자리에서 불러내셨습니다. 자기 양이기에 포기하지 않고 우리를 구원해 내셨습니다.

이 교회의 참된 목자는 예수님이십니다. 그러나 주님은 훈련받고 교육받은 목사를 세우셔서 목자 되신 예수님의 심부름꾼으로 삼으셨습니다. 선한 목자이신 예수님은 여러분의 속사정을 다 아십니다.

2. 생명을 주시는 목자이십니다

예수님이 이 땅에 오신 목적은 우리에게 생명을 주려 하심이었습니다. 삯군 목자는 도적질하고 죽이고 멸망시키고, 이리가 오는 것을 보면 양을 버리고 달아나 버리지만 참된 목자는 양들을 위해 목숨을 버립니다(10-11절). 그러나 주님은 우리에게 생명을 주시기 위해 기꺼이 자신을 십자가에 던졌습니다. 예수님의 죽음은 어쩔 수 없는 죽음이 아니라 자원하는 죽음이었습니다. 허물과 죄로 죽었던 저와 여러분에게 생명을 주시기 위해 예수님께서 오셨습니다. 예수님은 '자기 양' 곧 우리를 위해 십자가에서 생명을 내어놓으셨습니다.

그리고 예수님은 우리에게 아름다운 꼴로 먹이십니다(9절). 시편 23편에서 "여호와는 나의 목자시니 내게 부족함이 없으리로다 그가 나를 푸른 풀밭에 누이시며 쉴 만한 물가로 인도하시는도다"라고 하였습니다. 우리에게 생명을 주신 예수님은 또한 우리에게 풍요로운 삶을 제공하고 계십니다. 그것은 우리가 철저히 목자의 음성에 순종하지 않은 결과입니다. 목자의 음성을 듣고 그 목자만을 따르는 성도는 언제나 풍성한 축복이 주어져 있음을 믿으시기 바랍니다.

3. 풍성한 삶을 살도록 하십니다

우리의 삶은 예수 그리스도를 믿고 영생의 소망 가운데 이 땅에 사는 것뿐만 아니라, 이 땅에 사는 동안에도 우리 목자로 인해서 풍성한 삶을 살아가는 것입니다. 물론 하늘나라에 가면 풍성한 삶이야 말할 수가 없습니다. 이 땅에 있는 동안에도 우리가 그리스도 안에서 풍성한 삶을 누려야 하는 것이 정상입니다. 그것은 외적인 것이 아니라 내적인 것이요, 육적인 것이 아니라 영적인 것입니다. 그래서 우리는 주님 안에서의 풍성한 삶이 바로 이런 삶이라고 하는 것을 생각하고 주님과 더불어 교제를 회복해야 합니다. 우리에게 이러한 풍성한 삶이 존재하지 않는다고 느껴진다면 요한계시록에서 "그러므로 어디서 떨어진 것을 생각하고 회개하여 처음 행위를 가지라"(계 2:5)고 말씀하신 것처럼 회개하여 처음 사랑을 회복해야 합니다. 주님과 우리 사이에는 이런 풍성한 삶이 존재한다는 걸 생각하고, 이것에 대해서 올바로 이해할 수 있게 되기를 바랍니다.

말씀을 생각하며

1. 오늘의 말씀에서 가장 마음에 남는 말씀은 어떤 말씀입니까?

_____

_____

_____

_____

2. 왜 그 말씀이 마음에 남습니까?

_____

_____

_____

_____

3. 오늘 말씀을 읽고, 나의 신앙생활 속에서 고쳐야 할 점은 무엇입니까?

_____

_____

_____

_____

한 주간의 기도제목

나	
가 정	
교 회	

제32과
두 아들

성경 : 마 21:28-32

찬송 : 455, 449

" 그러나 너희 생각에는 어떠하냐 어떤 사람에게 두 아들이 있는데
맏아들에게 가서 이르되 얘 오늘 포도원에 가서 일하라 하니 대답하
여 이르되 아버지여 가겠나이다 하더니 가지 아니하고 둘째 아들에
게 가서 또 그와 같이 말하니 대답하여 이르되 싫소이다 하였다가
그 후에 뉘우치고 갔으니 그 둘 중의 누가 아버지의 뜻대로 하였느
뇨 이르되 둘째 아들이니이다."(마 21:28-31上)

어떤 사람에게 두 아들이 있었습니다. 그가 맏아들에게 "오늘 포
도원에 가서 일을 해라" 하였더니, 맏아들은 조금의 망설임도 없이
"예, 가겠습니다." 하고 대답했는데 가지 않았습니다. 또 둘째를 불
러서 "포도원에 가서 일해라"고 하였는데, "싫어요. 안 가겠습니
다." 하고 대답하였으나 나중에 보니 포도원에 가서 일했다는 것입니
다. 예수님은 이 비유를 말씀하신 후에 제자들에게 묻습니다. "그 둘
중에 누가 아버지의 뜻대로 하였느뇨?" 문제는 내가 누구인가보다
는 내가 아버지의 뜻대로 하고 있느냐 하는 것이 중요합니다.

1. 뉘우침으로 아버지의 뜻을 따라야 합니다

대부분의 사람들 중에는 입으로는 "예"라고 하면서 실제는 "아
니요"라고 합니다. 순간순간을 적당하게 대처하는 처세적이고 기회
주의적인 사고와 행동을 하고, 외식주의와 형식적인 종교 생활을 하
는 사람들이 많습니다. 믿는다는 것은 이름뿐이요, 행위도 없고, 영적
인 체험이나 기쁨을 갖지 못한 채 순간순간을 종교 의식에 동참함으
로 스스로를 위로합니다. 다른 사람들이 찬송하면 자신도 찬송하고,
기도할 때에 같이 눈을 감고 있다가 갑니다. 문제는 내가 이렇게 해서
는 안 된다는 의식이라도 있으면 좋겠는데, 자기 자신이 하는 일이 표

준 이상이라도 되는 것같이 생각한다는 것입니다.

뉘우침이란 자기의 부족한 것을 약간 수정하는 것을 말하는 것이 아니라 전면적이고 전체적인 것을 바꾸는 것을 말합니다. 그래서 회개라는 말은 기독교의 기본적이고 가장 중요한 단어인 것입니다. 뉘우침은 가던 길에서 돌아선다는 것입니다. 세상으로 가던 길에서 하나님을 향하여 돌아서는 것입니다. 하나님을 믿지 아니하고 우상을 섬기던 길에서 돌아서서 충성하는 길로 들어서게 되는 것입니다. 뉘우침이란 자기 죄를 자복하고, 도덕적으로 행위적으로 잘못된 것을 토해내는 것을 의미합니다. 둘째 아들이 자기의 잘못을 뉘우치고 아버지의 뜻을 따름과 같이 우리도 회개하여 하나님의 뜻을 따라야 하겠습니다.

2. 순종하는 것이 아버지의 뜻대로 입니다

리처드 테일러(R. Taylor)는 그리스도인의 성숙한 생활 훈련 중에서 마지막 표시는 순종이라고 하였습니다. 성숙한 신자의 표시가 바로 순종하는 것이라는 말입니다. 자기 생각이나 자기 주장을 포기하고 순종한다는 것이 쉬운 일은 아닙니다. 아브라함은 순종함으로 자신이 하나님께 인정을 받았습니다.

예수께서 어떤 결혼식에 참석하신 일이 있었습니다. 그 당시의 결혼식은 요즘처럼 하루 몇 시간 동안 하는 것이 아니라 13일간 잔치를 치르는 것이었습니다. 그런데 혼인 잔치 도중에 포도주가 모자랐습니다. 예수의 모친 마리아가 예수님의 능력을 알고, 그 사정을 예수께 알려 물로 포도주를 만드는 기적이 일어났습니다. 그때 마리아는 그 집 하인들에게 예수께서 무슨 말씀을 하시든지 그대로 하라고 알려 주었습니다. 문 앞에 있는 돌 항아리에 담겨 있는 물을 비우고, 다시 그 항아리에 물을 채우라 하실 때 하인들은 순종하여 물을 채웠습니다. 기적은 말씀대로 순종할 때 일어난 것입니다. 순종한 결과물이 최고급 포도주가 되었습니다. 우리도 순종함으로 아버지의 뜻을 따라야 하겠습니다.

3. 포도원에서 일하는 것이 아버지의 뜻이었습니다

아버지께서는 일꾼을 불러서 일을 시키지 왜 아들들이 와서 일하라고 하셨을까요? 그것은 포도원이 아버지의 포도원이요, 아들들이 제일 믿을 수 있기 때문입니다. 그리고 포도원은 아들이 일을 해주어야할 형편이었습니다. 이 비유의 포도원은 교회를 가리킵니다. 교회는세상의 훌륭한 법관이나 행정가나 정치인들이 일하는 곳이 아닙니다. 하나님의 아들들이 일하는 곳입니다. 바로 아버지의 포도원인 교회에서 일해야 한다는 것입니다.

일하는 사람이 발전하고, 일하는 사람에게 수입이 늘고, 일하는 사람이 건강하고 복을 받습니다. 우리가 해야 할 일은 하나님께 예배드리며 섬기는 일입니다. 사랑을 실천하는 일입니다. 하나님의 말씀을전하는 일입니다. 그리하여 포도를 수확하듯, 복음의 열매를 맺어야하는 것입니다. 이제 우리는 아버지 뜻대로 살아가는 아들들이 되어야 합니다. 우리의 게으름을 뉘우치고, 아버지의 말씀에 순종하고, 아버지의 뜻대로 살아가기를 바랍니다.

말씀을 생각하며

1. 오늘의 말씀에서 가장 마음에 남는 말씀은 어떤 말씀입니까?

_____

_____

_____

_____

2. 왜 그 말씀이 마음에 남습니까?

_____

_____

_____

_____

3. 오늘 말씀을 읽고, 나의 신앙생활 속에서 고쳐야 할 점은 무엇입니까?

_____

_____

_____

_____

한 주간의 기도제목

나	
가 정	
교 회	

제33과
티와 들보

성경 : 눅 6:41-42, 마 15:14
찬송 : 134, 438

"너는 네 눈 속에 있는 들보를 보지 못하면서 어찌하여 형제에게 말
하기를 형제여 나로 네 눈 속에 있는 티를 빼게 하라 할 수 있느냐
외식하는 자여 먼저 네 눈 속에서 들보를 빼라 그 후에야 네가 밝히
보고 형제의 눈 속에 있는 티를 빼리라 못된 열매 맺는 좋은 나무가
없고 또 좋은 열매 맺는 못된 나무가 없느니라"(눅 6:41~42)

들보(crossbeam)는 건물을 지을 때 천장이나 바닥에 대는 지지대
를 의미합니다. 목재나 쇠, 철근, 콘크리트로 된 들보는 여러 개가 평
행하게 가로질러 있거나 대들보를 받쳐 벽을 지탱하고 있는데, 대개
들보걸이(joist hanger)라고 부르는 금속지지 받침으로 고정되어 있
습니다. 이런 들보가 어떻게 사람의 눈 속에 들어갈 수 있겠습니까?

1. 형제 눈의 티만 보는 위선자

우리는 이 비유를 들으면 누군가 엄청나게 위선적인 사람을 떠올리
고 싶어합니다. 그러나 남의 눈에 있는 조그만 티는 금방 보면서도 자
기 눈 속에 자리 잡고 있는 커다란 들보를 보지 못하는 사람은 바로
우리 자신의 모습입니다.

더구나 자기 눈 속에 있는 들보는 보지 못하면서도 형제의 눈 속에
있는 티를 기어코 빼어야겠다고 주장합니다. 우리 눈의 들보가 들어
있으면 형제의 눈 속의 티를 빼어 내는 작업을 불가능하게 합니다. 형
제에게 있는 조그만 허물을 교정하겠다고 나서는 것은 아직 자기 안
에 있는 엄청 큰 허물을 보지 못하고 있는 증거입니다.

우리는 실제로 특정한 주제나 원리가 아니라 우리가 비판하고 있는
사람에게만 관심을 갖고 있습니다. 우리가 실제로 원하는 것은 그 사

람 안에 있는 악을 제거하기보다는 그 사람을 정죄하는 것입니다. 만약 편견이 있다면, 만약 사적인 감정과 개인 의사가 있다면, 우리는 더 이상 참된 심문관이 아닙니다. 우리는 우리가 개인이나 인신공격에 너무나 관심을 갖기 때문에, 남을 판단할 능력이 없다고 주님은 말씀하시는 것입니다.

2. 나로 네 눈 속의 티를 빼게 하라

주님은 우리 자신의 눈 속에 들보가 있는데도 어떻게 다른 이의 눈 속에 있는 티를 빼내어 주겠다고 말할 수 있겠느냐고 하십니다. 이것은 우리 자신의 상태가 다른 사람들을 돕는 데 전혀 무능하다고 말씀하시는 것입니다. 우리는 사람들의 허물에 관심이 있으면서 그들의 유익에 관심이 있는 것처럼 보이려고 애를 씁니다. 우리는 그들 속에 있는 이 사소한 결점으로 괴로워하며 이 티를 제거하고 싶다고 말합니다. 그러나 여러분의 눈 속에 있는 이 들보가 여러분을 그렇게 할 수 없게 만듭니다.

눈먼 사람이 다른 눈먼 사람을 인도하려고 애쓰는 것이 매우 우스운 일이지만, 그보다 훨씬 더 우스운 일은 눈먼 안과의사라고 입니다. 눈먼 안과의사가 다른 사람의 눈에서 티를 빼내는 것은 불가능합니다.

눈먼 안과 의사가 있을 수 없듯이 눈에 커다란 들보가 있는 우리가 다른 사람을 치유할 수가 없다고 주님이 말씀하시고 계시는 것입니다.

만일 여러분이 관심을 가지는 체하는 사람의 민감한 눈에서 작은 알갱이의 티를 빼낼 수 있을 만큼 분명히 볼 수 있기를 원한다면, 여러분 자신의 눈이 완전히 맑은지를 확인하십시오. 여러분의 눈 속에 있는 들보에 의해 눈이 멀어 있는 한 여러분은 다른 사람을 도울 수 없습니다.

3. 먼저 네 눈 속에서 들보를 빼어라

만일 여러분이 진실로 다른 사람을 돕고 싶다면, 그리고 그들에게서 결점과 허물과 연약함과 약점을 제거하고 싶다면, 먼저 여러분의 영과 여러분의 태도 전체가 잘못되었음을 인식해야 합니다. 남을 판단하는 것은 자신의 눈 속에 들보가 있는데도 불구하고 남의 눈에 티를 발견하고 빼주려는 사람과 같습니다.

다른 사람이 불륜과 부도덕과 정욕의 죄에 빠지거나, 과실을 저지를 수도 있지만, 그것은 단지 눈에 있는 작은 티일 뿐입니다. 오히려 자신의 죄와 악은 들보와 같이 크다는 사실을 인정해야 합니다. 그러므로 우리는 자신을 정직하게 바라볼 수 있어야 합니다. 이것은 매우 고통스럽고 괴로운 과정입니다. 그러나 우리 자신과 우리의 판단과 우리의 선언을 정직하고 참되게 살핀다면, 우리는 눈에서 들보를 빼내는 중에 있는 것입니다. 그리고 이렇게 함으로 우리는 충분히 겸손해져서 비판과 혹평의 영에서 완전히 해방될 것입니다.

사람이 진정으로 자신의 모습을 볼 수 있다면 결코 누구도 잘못된 방법으로 남을 판단하지 않습니다. 그는 자신을 정죄하고 자기 손을 씻고 자기를 깨끗하게 하고자 애쓰는 일에 모든 시간을 사용합니다. 우리의 눈에서 들보를 제거하면, 우리는 다른 사람을 도우며, 그의 눈 속에 있는 작은 티를 빼낼 수 있는 사람이 될 수 있을 것입니다.

말씀을 생각하며

1. 오늘의 말씀에서 가장 마음에 남는 말씀은 어떤 말씀입니까?

_____

_____

_____

_____

2. 왜 그 말씀이 마음에 남습니까?

_____

_____

_____

_____

3. 오늘 말씀을 읽고, 나의 신앙생활 속에서 고쳐야 할 점은 무엇입니까?

_____

_____

_____

_____

한 주간의 기도제목

나	
가 정	
교 회	

제34과
양과 염소

성경 : 마 25:31-46

찬송 : 179, 180

"모든 민족을 그 앞에 모으고 각각 구분하기를 목자가 양과 염소를
구분하는 것 같이 하여 양은 그 오른편에 염소는 왼편에 두리라."
(마 25:32~33)

양과 염소는 비슷한 동물로서 같은 목자에 의해 보호를 받으나 저
녁에는 자연히 나누어집니다. 낮에 풀을 뜯어먹을 때에는 구분 없이
섞여 지내지만 저녁에는 양과 염소는 분리될 수밖에 없습니다. 우리
도 세상에 살면서 죄와 분리되는 삶을 살아가고 있습니다. 목자가 양
과 염소를 구분하여 우리에 넣듯이, 주님이 어느 날에 재림하셔서 천
국에 들어갈 자와 지옥에 들어갈 자를 구분하실 것입니다.

1. 오른편에 속한 사람들

성경에서 말하는 오른편은 영광의 자리를 의미합니다. 축복의 자
리, 권능의 자리를 의미합니다. 양이 그 오른편에 있다는 것은 예수를
믿는 성도는 구원의 즐거움과 구원의 권능에 참예함을 의미합니다.
오른편으로 구별된 성도는 복 받은 성도들입니다. 다시 말하면 예수
믿는 사람들은 복 받은 사람들이라는 말입니다. 왜냐하면 하나님의
나라가 우리의 것이며, 하나님이 우리의 아버지가 되시기 때문입니
다.

양과 염소를 이렇게 구분하시는 것은 주님의 심판의 명료성을 나타
내고 있습니다. 주님의 심판에는 제3의 자리가 없습니다. 천국이 아
니면 지옥이지, 가톨릭에서 말하는 제3의 장소 즉 연옥 같은 곳은 없
는 것입니다. 양과 염소, 천국과 지옥 이 둘뿐이지 그 중간에 회색지
대는 없다는 말씀입니다.

주님은 오른편에 있는 자들은 하나님의 나라를 상속으로 받는 자들입니다. 상속은 자식이면 누구나 받을 수 있습니다. 배웠든 못 배웠든, 잘생겼든 못생겼든 이것이 문제될 수가 없습니다. 우리가 예수를 믿기만 하면 하늘의 시민권을 가진 사람이요, 하늘나라를 상속받은 상속자가 되는 것입니다. 구원받은 백성은 주님과의 아름다운 교제를 위해 말씀을 가까이하고, 기도생활에 힘을 써야 합니다. 주님 앞에 나아가는 일에 힘을 써야 합니다.

2. 왼편에 속한 사람들

염소는 고집이 셉니다. 자기 멋대로 합니다. 염소는 자신의 죄를 깨닫지도 못하고 회개할 줄도 모르는 인생을 의미합니다. 하나님의 말씀에 순종치 못하는 인생을 대표하고, 불순종의 아들들을 대표하고 있습니다. 바리새인들과 서기관들처럼 예수를 거부하고 믿지 않는 자들을 의미합니다. 왼편은 주님과 분리된 자리입니다. 은혜의 자리가 아닙니다. 심판의 자리요, 멸망의 자리입니다.

세상에서 가장 불쌍한 자는 예수를 믿지 못하고 영영한 불에 들어갈 자들입니다. 아무리 양과 함께 풀을 먹고 있어도 염소는 염소입니다. 함께 목자를 따라도 주님의 즐거움에 참예할 수가 없습니다. 교회에는 양과 염소가 같이 공존합니다. 사실 우리는 누가 양인지, 염소인지 분간할 능력이 없습니다. 들에서 양과 염소가 풀을 함께 뜯어먹듯이 교회 안에서 양과 염소는 함께 예배드리며 찬송하기도 합니다. 그러나 주님이 다시 오실 때는 분명히 갈라질 것입니다. 양에 속한 성도는 천국으로, 염소에 속한 무리는 지옥으로 갈라질 것입니다.

3. 구원받은 성도의 자세

예수로 말미암아 구원받은 성도라면 현실을 외면하지 말아야 합니다. 이 세상에서 굶주리고 헐벗고, 고통당하고, 옥에 갇힌 사람들을 돌아보고 먹을 것을 주고, 도와주어야 합니다. 양에 속한 성도들은 그런 삶을 살았습니다. 주님은 "너희가 여기 내 형제 중에 지극히 작은 자 하나에게 한 것이 곧 내게 한 것"이라고 했습니다. 우리는 어느 곳에서든지 예수님을 만날 수 있습니다. 왜냐하면 지구촌 구석구석에 불행한 사람들이 많기 때문입니다.

주님이 심판주로 강림하셔서 보좌에 앉으시는 날에 천국에 들어갈 수 있는 사람은 지극히 작은 자들, 즉 소외된 자들을 위하여 봉사하는 자들입니다. 그래서 우리가 오늘날 주님의 재림을 준비하는 방법은 하나님께서 우리 각자의 능력에 따라 맡겨 주신 달란트를 소외된 자들을 위하여 봉사하는 것입니다. 우리가 살고 있는 현 세상에서 주님을 섬기듯이 작은 자 하나에게 봉사하며 살아간다면 천국에서 주와 함께 영원히 살게 될 것입니다. 이것이 예수님이 재림하셔서 심판하실 것을 믿는 우리 그리스도인이 가져야 할 세상에 대한 자세입니다. 우리 모두 천국을 대망하면서 성도로서의 참된 봉사생활을 통해 모든 이들에게 사랑을 공급할 수 있는 능력 있는 일꾼들이 되기를 원합니다.

말씀을 생각하며

1. 오늘의 말씀에서 가장 마음에 남는 말씀은 어떤 말씀입니까?

_____

_____

_____

_____

2. 왜 그 말씀이 마음에 남습니까?

_____

_____

_____

_____

3. 오늘 말씀을 읽고, 나의 신앙생활 속에서 고쳐야 할 점은 무엇입니까?

_____

_____

_____

_____

한 주간의 기도제목

나	
가 정	
교 회	

제35과
피리를 불어도

성경 : 마 11:16-17, 눅 7:32

찬송 : 531, 325

"이 세대를 무엇으로 비유할까 비유하건대 아이들이 장터에 앉아 제 동무를 불러 이르되 우리가 너희를 향하여 피리를 불어도 너희가 춤 추지 않고 우리가 슬피 울어도 너희가 가슴을 치지 아니하였다 함과 같도다."(마 11:16~17)

현대를 단절의 시대라고 합니다. 그 단절은 언어와 가치관에서 뚜렷이 나타납니다. 어른의 말과 어른의 가치관은 젊은이에게 전해지거나 이해되지 않습니다. 또한 젊은이들의 말이나 가치관이 어른들에게 전달되지 못합니다.

예수님 당시, 아이들이 장터에 앉아서 놀이를 하는데, 몇몇 아이들은 어떤 놀이를 해도 불만이 있어 보였습니다. 결혼식 놀이를 하자고 하고서 피리를 불어도 춤을 추지 않고, 그러면 장례식 놀이를 하자고 해서 애곡을 하여도 울지 않았던 것입니다. 왜 피리를 불 때 춤을 추지 못하고, 애곡을 하여도 가슴을 치지 못할까요?

1. 결혼식과 장례식 놀이의 의미가 무엇입니까?

피리와 춤은 유대인뿐만 아니라 헬라와 로마인들에게서도 결혼식과 같은 잔치 집에서 기쁨과 흥을 돋우기 위한 방법으로서 활용되었습니다. 피리를 부는 사람들은 전문인으로서 주로 일정한 삯을 받고 불려가서 연주를 하였는데 그들이 열심히 피리를 불면 그 소리를 따라 남자 손님들은 덩실덩실 춤을 추었습니다. 반대로 상을 당한 집에서는 곡을 하고 가슴을 치는 것이 장례식의 풍습이었습니다. 그래서 곡하는 사람들을 사서 곡을 하게 하기도 했습니다. 곡을 하는 사람의 곡소리에 문상 온 사람들은 상을 당한 사람들과 슬픔에 동참하는 것입니다.

이런 결혼식과 장례식 풍습을 가지고 아이들은 신랑, 신부, 피리 부는 사람, 춤추는 사람으로 배역을 정하고 결혼식 놀이를 합니다. 먼저 피리 부는 역을 맡은 아이가 피리를 부는 척하면 남자아이가 춤을 추어야 하는데, 그 아이들 사이에 고집이 아주 세고 마음이 비뚤어진 한 아이가 있어 정해진 규칙을 따라 춤을 추지 않는 것이었습니다. 그러면 흥이 깨어져 놀이가 중단되고 맙니다.

피리를 불어도 춤을 추지 않는 것은 "나는 너희와 같이 될 수 없다는 자만심" 때문입니다. 교회 안에도 자신을 특별하다고 생각하는 사람들이 있습니다. 그러므로 자신을 특별한 사람으로 취급해 달라는 것입니다. 나는 다른 사람들과 다르다는 생각, 나는 다른 사람들보다 낫다는 생각 때문에 마음의 문을 열지 못하는 것입니다.

2. 교만과 불신을 지적합니다

결혼식과 장례식 비유의 초점은 아이들의 놀이가 아니라 놀이에 동참하지 않고 방관만 하는 친구들에게 있습니다. 결혼놀이를 하자고 해도 싫고, 장례식 놀이를 하자고 해도 싫다고 하는 아이들에 당시의 세대를 비유하고 있습니다. 사람들은 세례 요한이 금식한다는 이유로 그를 미쳤다고 비난하고, 예수님이 먹고 마시기를 즐기며 세리와 죄인들과 식사를 같이 한다는 이유로 비난합니다. 세례 요한을 보고는 너무 비관적인 인물이라고 불평하고 예수님을 보고는 너무 낙관적이라고 역시 싫어합니다.

목사가 젊으면 경험이 부족하여 좀 불안하다고 하고, 나이가 많으면 시대에 뒤떨어진다고 하고, 잘 생기면 제비 같아 위험하다 하고, 못 생기면 품위가 없어 틀렸다고 하며, 자식을 많이 두면 무절제한 사람이라고 하고, 자식을 못 낳으면 복 받지 못한 사람이라고 합니다. 목사가 좋은 집에서 살면 사치한다고 하고, 허름한 집에서 살면 복도 받지 못한 목사라고 하며, 좋은 차를 타면 어려운 사람들은 생각하지 않고 과소비한다고 하고, 고물 차를 타면 장로님들과 교인들에게 사랑 받지 못한다고 합니다. 이들은 삶에 기준이 없고, 원칙이 없이 시류에 따라 흘러가는 삶을 살면서 무조건 비판만 하고 있는 자존심만 강한 사람들입니다. 기쁨의 표현으로 피리를 불고, 슬픔의 표현으로 애곡을 하여도 가슴을 치지 못하는 모습이 우리들입니다.

3. 세속에 빠져 무감각한 신앙

이 세대는 예수님의 구원의 은혜에 대한 기쁨이 없고, 자기 죄악에 대한 안타까운 눈물과 회개가 없는 세대입니다. 그래서 오늘의 시대를 가리켜 무관심과 무감각과 무기력의 시대 즉 '3無 시대' 라고 표현합니다.

공동체에 대하여 무관심하고, 사회, 정치, 경제에 대해서도 무관심하며, 자기의 편리와 이익만 추구하고, 자기의 기분에 맞고 좋은 사람한테는 관심이 있지만, 그렇지 않은 사람에게는 관심이 없습니다. 무관심은 무감각을 낳고, 옳고 그름에 대한 감각을 상실하게 하여 사회의 윤리와 자아를 잃어버린 채 살아가게 만듭니다. 결국은 자신을 무기력하게 만들어 버립니다.

피리를 불어도 춤을 추지 않고 곡을 해도 가슴을 치지 않는 사람, 전도를 하여도 응하지 않고, 구경만 하고, 손가락질하고, 비판만 하는 사람들이 되지 맙시다. 우리는 말씀에 관심을 기울이고, 하나님의 뜻을 따라 판단하고 순종하며 살아가야 하겠습니다.

말씀을 생각하며

1. 오늘의 말씀에서 가장 마음에 남는 말씀은 어떤 말씀입니까?

_____

_____

_____

_____

2. 왜 그 말씀이 마음에 남습니까?

_____

_____

_____

_____

3. 오늘 말씀을 읽고, 나의 신앙생활 속에서 고쳐야 할 점은 무엇입니까?

_____

_____

_____

_____

한 주간의 기도제목

나	
가 정	
교 회	

9월

후회 없이 사는 삶

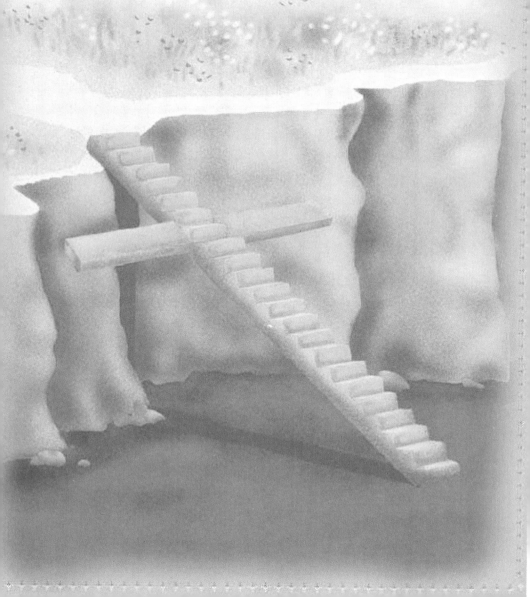

제36과
저주받은 무화과

성경 : 마 21:18-21, 막 11:12-14

찬송 : 285, 498

> "이른 아침에 성으로 들어오실 때에 시장하신지라 길 가에서 한 무
> 화과나무를 보시고 그리로 가사 잎사귀 밖에 아무 것도 찾지 못하시
> 고 나무에게 이르시되 이제부터 영원토록 네가 열매를 맺지 못하리
> 라 하시니 무화과나무가 곧 마른지라."(마 21:18~19)

무화과나무는 꽃이 없는 나무이기 때문에 무화과(無花果)라고 이름
지어졌습니다. 꽃이 없으니 향기도 없어 관상수도 아닙니다. 재목으
로 쓸 수 있는 나무도 아닙니다. 오직 열매를 위한 나무입니다. 이 무
화과나무는 많은 수고를 하지 않아도 잘 자라고 열매도 많이 맺는 것
이어서 이스라엘 사람들은 길에도 심어 두고 지나다가 시장할 때면
이 무화과를 따먹는다고 합니다. 이 나무에 대해서 생각하면서 무화
과나무가 우리에게 주는 교훈은 무엇인가를 생각고자 합니다.

1. 열매를 찾으시는 예수님.

예수님께서 길을 가시다가 한 무화과나무를 보셨습니다. 무화과나
무는 보통 6월과 9월에 적어도 두 번 열매를 맺습니다. 어떤 무화과나
무는 12월에도 열매를 맺기도 합니다. 이렇게 두 번 열매를 맺는 무화
과나무가 있고 세 번 열매를 맺는 무화과나무가 있습니다. 본문의 때
는 예수님께서 유월절을 지내기 위해서 예루살렘성에 들어오신 것으
로 보아서 유월절이 있는 4월경이라고 할 수 있습니다. 그래서 같은
사건을 기록하고 있는 마가복음 11장 13절에 보면 "아직 무화과 때
가 되지 아니했다"라고 설명하고 있습니다.

무화과나무는 잎이 나고 꽃이 피기 전에 열매를 맺습니다. 혹 어떤
나무는 잎과 함께 열매를 맺기도 하고 잎이 막 나면서 열매를 맺기도
합니다. 그러나 대부분의 경우는 열매가 먼저 달립니다. 그렇기 때문

에 예수님께서 잎이 무성한 무화과나무를 보시고 열매를 구한 것은 당연합니다. 비록 무화과의 계절은 아니었지만 잎이 그처럼 무성했다고 한다면 적어도 열매가 있어야 마땅한데 불행하게도 열매가 없었습니다. 열매가 없으면 길 가는 사람들에게 실망을 주게 됩니다.

2. 무화과나무를 저주하시는 예수님.

시장하신 주님은 시장기를 달래시려고 무화과나무에 다가가셨습니다만, 열매가 없었습니다. 실망하신 주님은 무화과나무를 저주함으로 말라 죽게 하셨습니다. 이는 저주라기보다 무화과나무를 심판하신 것입니다. 문제는 주님이 구하시는 열매는 아직 때가 되지 않았다는 것입니다. 때가 되지도 않는데 열매를 구하는 자체가 무리가 아닌가 하고 생각할 수 있습니다. 그렇게 사랑이 많으신 주님이 모든 환경이 갖추어져 있지 않음에도 불구하고 저주하셨다는 것은 잘못된 일일 것입니다.

그러나 인간의 이해로서 주님을 판단해서는 안 됩니다. 누구도 하나님의 지혜를 따를 수 없습니다. 하나님은 인간에 의하여 판단 받고, 좋다 나쁘다 할 수 있는 존재가 아닙니다. 주님의 뜻이 무엇인가를 생각하는 것이 신앙인의 바른 도리라 할 수 있습니다.

3. 무화과나무를 저주한 주님의 뜻.

주님께서 때가 되지 않음에도 불구하고 열매를 구하신 것은 기적을 구하시는 것입니다. 신앙의 행위는 하나님의 기적입니다. 그러므로 신앙생활 속에 나타나는 갖가지 역사는 하나님의 기적입니다. 우리는 이 기적의 열매를 맺어야 합니다.

주님은 당신이 예루살렘에 올라 대제사장과 서기관과 바리새인들에게 고난을 당하고 죽은 후에 부활하실 것을 거듭거듭 3번씩이나 말씀하셨습니다. 그러나 제자들은 이 같은 사건을 염두에 두지 않았습니다. 또한 예수님은 죽은 나사로를 살린 것을 비롯하여 예수님이 생명을 주관하시는 분임을 제자들로 하여금 경험케 하셨습니다. 죽은 자를 살리셨다면 주님은 인간의 생명을 주관하시는 하나님임을 믿어야 할 터인데도 불구하고 그들은 주님을 인간의 생명을 주관하시는 하나님으로 받아들이는 열매를 맺지 못하였다는 것입니다.

사람이 사람으로서의 구실을 하지 못하고 맺어야 할 열매들을 맺지 못하면 그 사람은 대우도 받지 못하거니와 역사의 심판을 받게 될 것입니다.

말씀을 생각하며

1. 오늘의 말씀에서 가장 마음에 남는 말씀은 어떤 말씀입니까?

_____

_____

_____

_____

2. 왜 그 말씀이 마음에 남습니까?

_____

_____

_____

_____

3. 오늘 말씀을 읽고, 나의 신앙생활 속에서 고쳐야 할 점은 무엇입니까?

_____

_____

_____

_____

한 주간의 기도제목

나	
가 정	
교 회	

제37과
악한 농부

성경 : 마 21:33-41

찬송 : 595, 93

"농부들이 그 아들을 보고 서로 말하되 이는 상속자니 자 죽이고 그의 유산을 차지하자 하고 이에 잡아 포도원 밖에 내쫓아 죽였느니라 그러면 포도원 주인이 올 때에 그 농부들을 어떻게 하겠느냐 그들이 말하되 그 악한 자들을 진멸하고 포도원은 제 때에 열매를 바칠 만한 다른 농부들에게 세로 줄지니이다."(마 21:33~41)

한 사람이 좋은 포도원을 만들어 놓고 다른 나라에 갈 일이 있어서 이것을 세를 주고 떠났습니다. 얼마 후 소출의 얼마라도 세를 받으려고 종을 보냈습니다. 그러나 포도원 농부들은 마땅히 내놓아야 할 세는 주지 않고 주인이 보낸 종들을 때리고 능욕하여 돌려보냈습니다. 주인은 종들 대신 아들을 보냈습니다. 악한 농부들은 주인의 상속자인 하나뿐인 아들을 죽이면 그 유산의 전부가 자신들의 것이 될 수 있겠다는 계산 아래 그 아들을 포도원 밖으로 내쫓아 죽였습니다. 이 말씀은 예수님을 십자가에 못 박으려는 사람들을 앞에 놓고 정면으로 충돌하는 시간에 주신 마지막 말씀입니다.

1. 열매를 얻으려고 포도원 주인이 올 때

하나님은 영적인 포도원의 주인이십니다. 그리고 그 포도원을 농부 이스라엘에게 맡기셨습니다. 포도원 주인이 열매를 기대하는 것은 당연합니다. 하나님께서도 우리들에게 가난한 자를 위하여, 선교사들을 위하여, 교회를 위하여, 고통 받는 이웃을 위하여 열매를 요구하실 때가 있습니다. 하나님은 주인이시요 우리는 주인의 것을 맡은 관리자인데 주인의 것을 주인에게 돌려드리는 것이 당연한 일입니다. 하나님은 우리에게 힘든 것을 요구하시지 않습니다. 할 수 있는 것을 요구하십니다. 농부가 농사지은 것 중 일부를 요구한 것처럼 하나님도 맡기신 것 중 일부를 요구하십니다.

하나님이 온 우주를 창조하시고 그 속에 사람을 지으시어 친히 창조하신 것들을 맡겨 주셨습니다. 뿐만 아니라 하나님이 우리에게 일을 맡기실 때에는 반드시 할 수 있도록 뒷받침을 해 주십니다. 하나님은 모든 만물을 만드셔서 준비를 마치신 후 마지막으로 사람을 창조하셨습니다. 아무 걱정 없이 누릴 수 있도록 하신 것입니다. 교회에서 가정에서 사회에서 받은 사명이 있다면 못한다고 사명을 감당할 지체와 능력을 구하십시오. 하나님은 감당할 수 있도록 채워 주실 것입니다.

2. 악한 자들을 진멸하시려고 주인이 올 때

농부들의 악한 행동을 다 알면서도 두 번, 세 번 계속 종을 보내고 마지막에는 아들까지 보내는 주인을 통하여 우리는 하나님의 깊은 인내를 보게 됩니다. 그러나 우리가 알아야 할 것은, 하나님의 인내에도 끝이 있다는 사실입니다. 선지자들을 보내어 여러 모양, 여러 방법으로 일깨워 주며 경고하셨고, 충분히 알 수 있도록 경고하고 참고 또 참으시며 인내하시는 하나님께서 자기 아들을 보내심으로 심판하시고자 하십니다.

포도원은 주인의 것입니다. 그런데 악한 농부들은 내 것으로 만들겠다는 착각을 합니다. 그보다 아예 내 것이라는 집념으로 서슴지 않고 주인의 아들을 죽이기까지 합니다. 인간의 죄가 여기에 있습니다. 창조주를 부인하고, 하나님의 소유임을 부인합니다. 내 것이 아니라 하나님의 것이며, 우리는 그것을 맡아 관리하는 청지기에 불과합니다. 그러므로 우리는 하나님의 하나님 됨과, 나의 피조물 됨 그리고 관리자이며 청지기 됨을 분명히 하여야 합니다.

하나님께서 종을 보내셨습니다. 그리고 회개할 기회를 거듭 주시는데, 그 기회를 계속 놓쳤습니다. 하나님의 인내를 만홀히 여겼습니다.

하나님의 사랑을 악용했습니다. 회개할 기회를 주실 때에 회개하지 않는 것, 그리고 하나님의 인내를 만홀히 여기는 이것이 큰 죄가 됩니다.

3. 심판하려고 주인이 올 때

농부는 계획적으로 주인을 반역했습니다. 우리도 하나님 앞에 그럴 때가 많습니다. 알면서도 불순종하고 알면서도 돌아서지 않을 때가 많습니다. 계획적으로 범죄한 농부의 모습은 곧 우리의 모습입니다. 그 이유는 죄 없으신 아들을 죽였기 때문입니다. 우리들은 자신의 죄는 감추려 하고, 다른 사람들의 죄는 들추어 내려고 합니다. 마치 자기는 하나님 앞에 예외라고 생각합니다.

하나님의 마지막 인내와 마지막 회개의 기회를 농부들은 자신들의 욕구를 이룰 수 있는 최후의 수단과 기회로 삼으려 했습니다. 아들을 죽이고 상속을 가로채고자 한 것입니다. 이렇게 하여 예수님은 십자가에서 죽임을 당하셨습니다. 이것은 많은 선지자들을 보낸 후 종말적으로 보낸 그리스도를 죽임으로써 마지막 심판의 증거가 되었습니다.

포도원의 주인이 악한 자들을 진멸하고 포도원은 세를 낼 다른 농부에게 주기 위해서 오시는 날이 점점 가까워 오고 있습니다. 그러므로 회개하고 머릿돌 되신 예수 그리스도를 구주로 인정하고 섬기며, 열매 맺는 성도로서 하나님 나라의 백성 된 의무를 다하며 주님을 맞이할 수 있기를 바랍니다.

말씀을 생각하며

1. 오늘의 말씀에서 가장 마음에 남는 말씀은 어떤 말씀입니까?

_____

_____

_____

_____

2. 왜 그 말씀이 마음에 남습니까?

_____

_____

_____

_____

3. 오늘 말씀을 읽고, 나의 신앙생활 속에서 고쳐야 할 점은 무엇입니까?

_____

_____

_____

_____

한 주간의 기도제목

나	
가 정	
교 회	

제38과
불타는 가라지

성경 : 마 13:36-43

찬송 : 587, 592

"대답하여 이르시되 좋은 씨를 뿌리는 이는 인자요 밭은 세상이요 좋은 씨는 천국의 아들들이요 가라지는 악한 자의 아들들이요 가라지를 뿌린 원수는 마귀요 추수 때는 세상 끝이요 추수꾼은 천사들이니 그런즉 가라지를 거두어 불에 사르는 것같이 세상 끝에도 그러하리라."(마 13:37~40)

하나님께서는 심판하기 위해서는 주님편이나 마귀편이나 다 동등한 자유를 주어서 얼마든지 활동할 수 있는 기간을 주시고 심판한다는 것을 가르칠 때에 씨를 뿌리는 비유를 사용하여 말씀하셨습니다. 이제 주님의 역사와 마귀의 역사를 다음과 같이 구분할 수가 있습니다.

1. 밭에 좋은 씨를 뿌리심

하나님께서 세상에 주님을 보내서 역사할 때 좋은 씨를 뿌린다는 것을 말씀하시되 세상을 밭이라 하셨고 좋은 씨를 천국의 자녀라 말씀하셨습니다. 그러므로 사람이 세상에 날 때에 모태로부터 좋은 씨로 택함을 받아 세상에 나게 된다는 것을 본문을 통하여 미루어볼 수 있습니다. 사람이 그리스도를 믿는 것은 좋은 씨가 되는 자라야 믿는 것이요, 나쁜 씨가 될 사람은 참으로 믿어지질 않는 것입니다(요 10:26-29).

신앙이라는 것은 택한 자에게 주시는 하나님의 선물입니다. 하나님께서 종을 통하여 전도하시는 것은 택한 자를 찾기 위하여 들어 쓰시는 것입니다(행 13:48). 그러므로 주님의 역사는 인간의 어떤 힘이나 방법이 필요가 없습니다. 참으로 들어 쓰는 종을 통하여 택한 자를 찾으실 때는 종을 강권하여 보내기도 하시고 또는 택한 사람이 종을 찾아가게도 하시는 것입니다.

고넬료 가정에 천사를 보내셔서 베드로를 찾아가게 한 일이나 또는 베드로에게 지시해서 고넬료를 찾아가게 하신 것을 본다면 전부가 하나님께서 인도하시는 것뿐입니다(행 10:1-22). 그러므로 하나님의 종은 주님이 인도하시는 대로 따라가고 입을 열어 주시는 대로 말씀을 증거할 뿐입니다. 만일 어떤 사람이 인간의 어떤 방법으로써 전도하려고 계획한다면 성령은 역사하지 않으실 것입니다. 언제나 택한 자를 찾으시는 하나님의 뜻에 순종한다는 생각을 가지고 따라가는 것이 주의 인도를 따르는 종의 생활입니다.(행 18:9-11).

2. 선과 악이 함께 자라게 두심

하나님께서 택한 자녀를 찾아 구원할 때까지 가라지 같은 악한 자들을 그냥 두는 것은 택한 자를 아끼시기 때문입니다. 왜냐하면 악자를 벌하기 위하여 세상에 심판을 내리실 때는 용서 없는 때이니 택한 자가 완전하게 준비할 때까지 잠잠히 계시는 것입니다. 이것은 택한 자가 완전한 열매를 맺기 전에 가라지를 불태워 버려서 택한 자가 입을지도 모르는 피해를 방지하기 위함입니다.

이 비밀을 모르는 인간들은 가라지와 같은 악인들이 더 왕성하는 것을 보고 오히려 하나님이 없다는 말을 하게 되고, 악인이 더 왕성하는 것을 볼 때 악인의 세력을 오히려 존중하고 그 앞에 굴복하는 일도 있습니다. 자기가 어떤 곳을 갈 것이라는 걸 모르는 어리석은 인간들은 밭에 가라지가 더욱 키가 높아지고 더 왕성하다가 결국에는 뽑혀 불태워지듯이 악인의 세력이 머리를 들고 교만한 자리에 있다가 망할 것입니다.

언제나 알곡은 수가 적고 고개를 숙이고 있습니다. 우리 하나님의 자녀들은 지금 악인들을 번성케 놓아두시는 하나님의 섭리는 우리가 완전하게 되기까지 기다리시는 하나님의 경륜인줄 알고 완전 준비를 갖추어야 할 것입니다.

3. 가라지와 알곡을 갈라놓으심

하나님께서 진노의 날에 천사를 보내서 알곡과 가라지를 갈라놓으시는 것은 다음과 같습니다. 어느 곳에 있든지 택한 자를 다 찾아서 한 곳에 모으는 것입니다(마 24:31). 지금은 한 동네, 한 가정에 악인이 선한 이를 해치려는 일이 있지만 심판기에는 그렇게 하지 못하도록 하기 위하여 천사가 와서 강권 역사하는 것입니다. 이렇게 하지 않으면 택한 자를 진노의 날에 구원할 수가 없기 때문입니다.

우리는 택함 받은 사람으로서 악인을 두려워할 것도 없고, 타협할 것도 없고, 하나님의 뜻을 순종할 뿐입니다. 모든 일은 다 하나님께서 천사를 보내 역사하는 것입니다.

지금은 악인들이 더 빛나는 것 같은 세상이 되었지만 새로운 왕국이 올 때는 악인은 슬피 통곡을 하게 될 것이고 의로운 하나님의 자녀는 크게 빛나게 되는 것입니다. 하나님께서 마귀의 세력에게 권세를 주어서 쓰는 것은 의로운 자에게 더 큰 영광을 주시기 위한 선한 방법입니다. 이 세상이라는 것은 악인이 자기 세상같이 알지만 심판 날에 가보면 악인이 한 모든 일이 의로운 사람의 나라를 이루는 하나님의 계획 아래 있는 것뿐입니다.

말씀을 생각하며

1. 오늘의 말씀에서 가장 마음에 남는 말씀은 어떤 말씀입니까?

_____

_____

_____

_____

2. 왜 그 말씀이 마음에 남습니까?

_____

_____

_____

_____

3. 오늘 말씀을 읽고, 나의 신앙생활 속에서 고쳐야 할 점은 무엇입니까?

_____

_____

_____

_____

한 주간의 기도제목

나	
가 정	
교 회	

제39과
이럴 줄 알았다면

성경 : 눅 16:14-15, 19-31
찬송 : 40, 91

"바리새인들은 돈을 좋아하는 자 들이라 이 모든 것을 듣고 비웃거
늘 예수께서 이르시되 너희는 사람 앞에서 스스로 옳다 하는 자들이
나 너희 마음을 하나님께서 아시나니 사람 중에 높임을 받는 그것은
하나님 앞에 미움을 받는 것이니라."(눅 16:14~15)

이 세상에는 언제나 어떤 사회나 부자와 가난한 자가 함께 공존합
니다. 부자와 가난이라는 것이 상대적인 개념일 뿐만 아니라 부자라
고 다 나쁜 사람이 아니며, 세상에 있는 거지들이 다 좋은 사람들은
아닙니다.

그런데 오늘 성경말씀을 보면 부자는 죽어서 음부, 즉 지옥이라는
사후 세계에 들어갔고, 거지 나사로는 죽자 천사들에게 받들려 아브
라함의 품, 즉 천국이라는 세계에 들어갔습니다. 그렇다면 그렇게 된
이유나 원인이 무엇이겠습니까?

1. 부자가 지옥에 들어간 이유

돈이 많은 것은 죄가 아닙니다. 열심히 땀 흘린 대가일 수 있습니
다. 세상에서 돈으로 해결되지 않는 것이 없을 정도로 돈의 힘은 대단
합니다. 그래서 돈이 많으면 돈의 힘에서 벗어날 수 없게 됩니다. 결
국 모든 관심이 돈과 재산의 소유에 가득 차서 하나님을 마음에 담아
둘 수가 없게 됩니다.

오늘 말씀을 보면 부자가 자색 옷과 고운 베옷을 입었다고 했습니
다. 과거에는 옷으로 자신의 부를 과시했다고 합니다. 요즈음 같으면
고급주택이나 자동차나 전용 비행기와 같겠지요. 일정한 재산이 모이
면 그 재산을 통해 들어오는 소득이 지출하는 소득보다 많아질 때 이

상한 고민거리가 생깁니다. 그것은 오늘은 과연 무슨 재미있는 놀이를 하면서 하루를 보낼까 하는 것입니다.

이에 비해 나사로는 비참하게 살았습니다. 몸에는 심한 피부병과 질병이 있었습니다. 그는 부자의 상에서 떨어지는 부스러기들을 먹으며 사는 불쌍한 사람이었습니다. 이렇게 비참하게 살던 나사로가 아브라함의 품에 들어가나 것은 단지 그의 가난 때문이 아니었습니다. 하나님을 마음에 모시며 돈이 아니라 하나님을 의뢰하며 살았기 때문입니다.

지긋지긋한 가난 때문에 하나님을 모실 수 있었다면 그것은 복입니다. 참을 수 없는 불치의 질병 때문에 하나님을 찾을 수 있었다면 그것은 복입니다. 견딜 수 없는 고독함 때문에, 재기할 수 없는 실패나 좌절 때문에 하나님을 찾게 된 사람은 그것이 복인 줄 알아야 합니다.

2. 세 가지 죽음

인간에게는 세 가지 죽음이 있습니다. 첫째는 육신적인 죽음입니다. 이것은 우리가 일반적으로 사람이 죽었다고 표현하는, 숨이 끊어져서 육체가 죽은 것을 의미합니다. 세상 모든 사람은 하나님을 믿든 믿지 아니하든지 간에 육적인 죽음을 면할 자는 아무도 없습니다. 둘째는 영적인 죽음입니다. 꽃병의 꽃이 화려하게 향기를 내며 살아 있는 듯이 보이지만 이미 뿌리가 잘린 죽은 목숨이라는 사실은 누구나 다 압니다. 이처럼 생명의 뿌리와 같은 영원하신 하나님을 떠난 사람은 지금 살아 있다고 떠들며 먹고 마시며 두발로 돌아다니지만 이미 영적으로는 죽어 있는 사람들이 많이 있습니다. 그리고 영원한 죽음이 있습니다. 이것을 성경은 이것을 둘째 사망이라고 말씀합니다. 이 영원한 죽음은 육신의 죽음이 아니라 그 영이 죽은 사람들에게 주어지는 형벌의 세계입니다. 오늘 예수님께서 말씀하신 음부는 이 영원한 죽음의 세계, 지옥을 가리키는 것입니다.

3. 지옥은 어떤 곳입니까

『죄와 벌』의 작가 도스토예프스키는 『카라마초프의 형제들』이라는 책에서 지옥에 관해 이렇게 묘사했습니다. "만일 지옥에서 붙는 불이 물질에 붙는 불이라면 견디기 쉬울 것이다. 이 몸이 타는 불이라면 견디기 쉬울 것이다. 지옥의 불은 육체가 타는 곳이 아니라 우리 영혼이 알지 못하는 불에 타는 곳이라서 그것이 육신이 타는 것과는 비교가 안 되는 아픔과 괴로움을 당하게 된다."고 했습니다.

또한 지옥은 기도가 통하지 않는 곳입니다. 부자가 나사로를 보내어 손끝에 물 한 방울만 적셔 달라고 했으나 거절당했습니다. 또 나사로를 보내어 아직 죽지 않은 자기 형제들에게 이 소식을 전하여 그들이 이곳에 오지 않게 해달라고 부탁했으나 거절당했습니다.

하나님의 심판대 앞에서는 자신이 한 일과 지은 죄가 하나도 빠짐없이 다 드러나게 될 것입니다. 세상의 헛된 것에 눈이 멀어버린 사람들, 세상 낙에 빠져 다른 사람들의 고통을 생각하지 못하는 사람들, 궁극적으로 자기 소유가 될 수 없는 것들을 자기 소유인 것처럼 생각하는 어리석은 사람들을 위하여 힘을 다하여 기도하고 전도해야 합니다. 전도의 열매는 그 어떤 상급과도 비교 할 수도 바꿀 수도 없는 귀한 것입니다.

말씀을 생각하며

1. 오늘의 말씀에서 가장 마음에 남는 말씀은 어떤 말씀입니까?

_____

_____

_____

_____

2. 왜 그 말씀이 마음에 남습니까?

_____

_____

_____

_____

3. 오늘 말씀을 읽고, 나의 신앙생활 속에서 고쳐야 할 점은 무엇입니까?

_____

_____

_____

_____

한 주간의 기도제목

나	
가 정	
교 회	

하나님의 집을 채우는 삶

제40과
내 집을 채우라

마 22:1-14, 눅 14:15-24

찬송 : 524, 501

"주인이 종에게 이르되 길과 산울타리 가로 나가서 사람을 강권하여
데려다가 내 집을 채우라 내가 너희에게 말하노니 전에 청하였던 그
사람들은 하나도 내 잔치를 맛보지 못하리라 하였다 하시니라."(눅
14:23~24)

옛날 유대 풍습에는 잔치 자리에 손님을 청할 때 두 번의 절차를
밟았는데, 잔치를 계획할 때 일차적으로 초청을 하고, 그 잔치가 다
준비되었을 때 재차 초청을 해서 손님을 정중하게 대접하는 것이었습
니다. 종들은 두 번이나 초청한 손님들을 찾아가야만 했는데, 초청을
받은 사람들이 모두 사양하고 거절하였다고 하였습니다. 물론 이들은
초청을 거절할 자유도 있고 응할 자유도 있습니다. 문제는 이들이 첫
번째 초대장을 받을 때에는 참석하겠다고 약속해 놓고 정작 잔칫날에
는 이 핑계 저 핑계를 대고 오지 않은 데 있습니다.

1. 초대를 거부한 사람들.

초청에 거부한 이유는 "내가 밭을 샀는데, 내가 소 다섯 쌍을 샀는
데…" 등등입니다. 이들은 자기들이 소유한 것을 누리는 것 때문에 그
초대를 거부했습니다. 이 소유들은 일상생활에서 꼭 필요한 것이지만
이것들 때문에 새로운 가능성을 거부하게 합니다. 저들은 소유한 것
에 삶의 거점을 두는 사람들입니다. 그 소유는 물질적인 것도 되며,
윤리적일 수도 있고, 종교적일 수도 있습니다. 우리가 기득권을 과거
노력의 산물이라고 말한다면 저들은 과거에 의해 현재를 살아가는 사
람들입니다.

그런데 밭을 사고 소를 사고, 생의 중대사인 장가를 가는 사람이 잔

치에 참여하지 않았다고 정죄를 받아야 합니까? 그 이유는 하나님 나라의 잔치라는 것이 전제되어 있습니다. 그 귀중한 초청을 상대적으로 자신의 일들과 견주어 저울질하고 셈했기 때문입니다. 이런 사람은 매순간 하나님 앞에서 하나님과 자신의 몫을 셈하고 하나님께 상대적인 가치를 부여하는 사람입니다. 이런 사람들에게 하나님은 더이상 하나님이 아닌 것입니다.

2. 초대에 응한 사람들.

일부 사람들은 우연히 잔치에 초대되었습니다. 하나님 나라는 초청에 응하여 나아갈 때에 소유할 수 있습니다. 준비가 다 되었으니 어서 오라고 합니다. 그러나 무엇이 준비되었는지는 알 수가 없습니다. 따라서 초청에 응하는 것은 모험이며 결단일 수밖에 없습니다. 이 결단은 어떤 계산에 의해서 되는 것은 아닙니다. 단지 초청하는 그 뜻에 무조건 자기를 내 맡기는 것입니다. 아브라함의 경우와 같이 하나님의 부르심에 믿음으로 응답하여 나아갈 때에 새로운 세계로의 초청에 응할 수 있습니다. 이들은 과거에 집착하여 살지 아니하고 새로운 가능성에 자기를 개방하고 도전할 수 있는 사람들입니다.

인간은 다가오는 하나님 나라 앞에 선 존재들입니다. 그 나라의 초대는 소를 사고 밭을 사고 결혼하고, 그 안에서 즐거워하는 나에게 전해집니다. 우리는 다가오는 하나님 나라 앞에 새로운 존재로 설 것을 요청 받습니다. 그런데 우리는 이 부름을 거부하고 있지 않습니까? 우리는 내가 지금 가진 것들이 나를 살린다고 믿고 있습니다. 우리는 하나님의 초청에 겸허히 응해야 할 것입니다.

3. 강권해야 되는 이유.

주인은 "노하여 종들에게 이르되 거리의 골목으로 나가서 가난한 사람들과 몸이 불편한 자들과 맹인들과 저는 자들을 데려오라"고 했고, 그래도 자리가 남았다고 보고하자 길과 산울로 가서 사람을 강권하여 데려다가 내 집을 채우라고 하였습니다. 여기서 "강권한다"는 말은 팔을 비틀어 데려오라는 뜻을 가지고 있는데, 이 말은 정말로 팔을 비틀어서 데리고 오라는 뜻이 아니라, 기어코 설득하여 억지로라도, 그리고 최선을 다하란 뜻입니다. 어떤 장애물에도 포기하지 않고 인내하며 열심히 전도하라는 의미입니다.

이 세대는 사람들의 심령이 굳어질 대로 굳어 있고 강퍅할 대로 강퍅한 세대입니다. 사단은 한 사람이라도 더 자기의 노예로 삼기 위하여 우는 사자처럼 사람들을 삼키려고 달려들고 있습니다. 온갖 방법을 총동원해서 전도를 방해합니다. 그래서 전도를 해도 받지 않으므로 강권하지 아니하면 안 되는 것입니다.

복음을 증거하는 일은 시간을 더 이상 늦추거나 연기할 수 없습니다. 지금 예수 믿고 구원받지 못하고 오늘 밤에 죽는다면 그 영혼이 어떻게 되겠습니까? 그래서 서두르지 아니할 수 없습니다. 평범하고 안일한 방법으로는 안 되기에 강권적인 전도 방법이 필요하다는 말씀입니다.

초청을 받은 여러분은 하나님의 초청에 응답하시길 바랍니다. 마음 문을 활짝 열고, 주님을 맞이하시고, 함께 동행하기 바랍니다. 예수님께서 여러분과 함께하실 것입니다.

말씀을 생각하며

1. 오늘의 말씀에서 가장 마음에 남는 말씀은 어떤 말씀입니까?

_____

_____

_____

_____

2. 왜 그 말씀이 마음에 남습니까?

_____

_____

_____

_____

3. 오늘 말씀을 읽고, 나의 신앙생활 속에서 고쳐야 할 점은 무엇입니까?

_____

_____

_____

_____

한 주간의 기도제목

나	
가 정	
교 회	

제41과
한 마리 잃은 양

성경 : 눅 15:1-7

찬송 : 323, 278

" 너희 중에 어떤 사람이 양 백 마리가 있는데 그 중의 하나를 잃으면 아흔아홉 마리를 들에 두고 그 잃은 것을 찾아내기까지 찾아다니지 아니하겠느냐 또 찾아낸즉 즐거워 어깨에 메고 집에 와서 그 벗과 이웃을 불러 모으고 말하되 나와 함께 즐기자 나의 잃은 양을 찾아내었노라 하리라."(눅 15:4~6)

본문은 우리를 벗어난 잃은 양을 죄인으로 우리 안에 있는 양을 의인으로 묘사하고 있습니다. 다시 말하면 죄인은 교회 밖에 있는 영혼을 의인은 교회 안에 있는 영혼을 각각 상징하는 것입니다. 본문의 말씀을 통해 하나님의 마음이 교회 안에만 머물러 있는 것이 아니라는 것을 알 수 있습니다. 하나님은 교회 밖에 있는 불신 영혼에게도 관심을 갖고 있습니다. 오늘 본문에 나타난 목자이신 하나님은 어쩌면 우리 안에 있는 아흔 아홉 마리 양보다는 우리 밖에 있는 잃은 양 한 마리에게 더 많은 관심을 갖고 있는 것처럼 보입니다.

1. 양의 특징

팔레스타인 지방에서 양은 매우 중요한 동물로서 맛있는 고기가 되기도 하고, 의복을 위해서는 털을 제공하며, 아침에는 젖을 공급해 주기도 합니다. 만약 집이 필요하게 되면 사람들은 양의 가죽으로 튼튼한 천막을 만듭니다. 물건을 사고 싶으면 돈 대신에 양을 사용합니다. 또 아름다운 노래를 부르기 원하면 양 뿔로 나팔을 만들어 감미로운 소리를 내기도 합니다.

양은 온유하고 비공격적이며 거기다가 무방비적입니다. 뿐만 아니라 스스로 꼴이나 마실 물을 찾아 나설 수도 없고 먹이를 저장할 줄도 모릅니다. 또 양은 시력이 나쁜 동물로 알려져 있습니다. 5m 이상을 보지 못한다고 합니다.

양은 시력이 나쁘기 때문에 목자의 음성에 귀를 기울이지 않으면 언제라도 길을 잃을 수 있게 됩니다. 풀을 뜯는 데 정신이 팔려 목자의 음성을 못 듣고 양 떼에서 뒤쳐지게 되는 경우가 있을 수 있고, 아니면 목자의 음성을 듣지 않고 저 잘났다고 멋대로 뛰어다니다가 대열에서 이탈할 수도 있습니다. 그래서 오직 목자가 인도하는 대로만 따라가야 하며 언제나 목자의 세심한 관찰과 보호가 필요한 것입니다.

2. 양을 잃은 목자

목자는 양을 잃게 된 걸 저녁에야 알 수 있습니다. 목자는 저녁이 되어 양을 우리에 넣을 때 한꺼번에 몰아넣지 않습니다. 한 마리, 한 마리를 세면서 들여보냅니다. 그러면서 건강상태도 살피는 것입니다. 그런데 백 마리가 되어야할 양이 아흔아홉 마리밖에 없습니다. 한 마리가 모자란 겁니다. 아무래도 잘못 세었나 봅니다. 목자는 양들을 우리에서 나오게 하여 이번엔 바짝 긴장하며 다시 세어 보았습니다. 분명히 아흔아홉 마리였습니다. 한 마리가 없어진 게 분명합니다.

그 때부터 목자의 마음은 온통 잃은 양 한 마리에게 있습니다. 그 양이 바위에 끼여 있지는 않은지, 혹 가시덤불에 걸려 있지는 않은지, 절벽에 매달려 있지는 않은지, 아니면 맹수에게 물려간 것은 아닌지 온 신경이 잃어버린 양에게 있습니다. 목자는 다른 생각을 할 수 없습니다. 그 잃어버린 양을 찾는 데만 관심이 집중되어 있습니다.

목자는 잃어버린 양을 찾아 나섭니다. 어두운 밤이지만 잃은 양을 생각하면 가만히 앉아있을 수 없습니다. 있을 만한 곳에 가서 큰소리로 양의 이름을 부릅니다. 밤을 새워서라도 찾고자 합니다. 찾고 나면 기뻐서 피곤한 줄도 모릅니다. 이런 목자의 태도에서 우리가 생각해야 할 것이 있습니다. 그건 우리가 복음을 전할 때 바로 그런 태도를 가져야 한다는 것입니다. 무슨 일이든지 집념이 없이는 성공할 수 없습니다. 더구나 영혼을 살리는 전도는 더욱 집념이 필요합니다.

3. 양을 찾은 기쁨

목자가 잃은 양을 드디어 찾았습니다. 즐거워 양을 어깨에 메고 집에 와서 그 벗과 이웃을 불러 모으고 잔치를 합니다. 여기서 "즐거워"의 원어 '카이로'는 만족으로 인한 단순한 기쁨이 아니라 기쁨이 넘쳐서 노래라도 부르며 춤을 덩실덩실 추고 싶을 정도로 흥분이 된 상태를 의미합니다. 목자는 힘들게 찾은 양을 어깨에 메었습니다. 아이를 목마 태우듯이 말입니다. 목마를 태우는 이유 중의 하나는 우리 잘난 아들, 우리 예쁜 딸 좀 봐달라고 자랑하는 것입니다.

잃은 양을 찾은 것은 목자 혼자만의 기쁨이 아니라 이웃 모두의 기쁨이 되었습니다. 목자의 벗들과 이웃들도 목자일 가능성이 높습니다. 그렇다면 그들은 목자의 마음을 충분히 이해할 수 있었을 겁니다. 그래서 진심으로 목자의 기쁨에 동참할 수 있었을 겁니다.

예수님은 비유를 통해서 하나님의 마음과 목자의 마음을 일치시키고 있습니다. 잃은 양을 찾아다니는 목자의 심정이 바로 하나님의 심정이라는 것입니다. 목자가 잃은 양을 찾아서 어깨에 메고 돌아올 때에 뛸 듯이 기뻐한 것처럼, 세상에서 헤매던 한 영혼이 하나님께로 돌아올 때 너무 기뻐하십니다. 잃은 양을 찾아 나선 목자의 심정으로 잃어버린바 된 영혼들을 교회로 인도하여 하늘 하나님을 기쁘게 해드려야겠습니다.

말씀을 생각하며

1. 오늘의 말씀에서 가장 마음에 남는 말씀은 어떤 말씀입니까?

_____

_____

_____

_____

2. 왜 그 말씀이 마음에 남습니까?

_____

_____

_____

_____

3. 오늘 말씀을 읽고, 나의 신앙생활 속에서 고쳐야 할 점은 무엇입니까?

_____

_____

_____

_____

한 주간의 기도제목

나	
가 정	
교 회	

제42과
개와 돼지

성경 : 마 7:6

찬송 : 455, 235

"거룩한 것을 개에게 주지 말며 너희 진주를 돼지 앞에 던지지 말라 그들이 그것을 발로 밟고 돌이켜 너희를 찢어 상하게 할까 염려하라."(마 7:6)

이 세상 사람들은 남의 말을 하기를 좋아합니다. 남의 허물을 흉보고 헐뜯고 상처내기를 즐겨합니다. 그리고 자기의 이익을 구합니다. 우리는 자신에 대하여서는 매우 관용적이면서 남에 대해서는 엄격합니다. 그러나 우리는 남을 대하는 그 엄격함으로 자신을 엄격히 대해야 하고, 자신을 용서하는 그 너그러움으로 남을 용서해야 합니다. 우리가 잘 쓰는 외유내강(外柔內剛)이라는 말은 자신을 스스로 잘 아는 성숙한 자의 태도를 의미합니다. 남을 헐뜯는 자들은 참된 가치를 발견하지 못한 미성숙한 태도를 가진 사람들이라고 할 수 있습니다.

1. 남을 판단할 수 있는 이는 누구일까요

"비판을 받지 아니하려거든 비판하지 말라. 너희의 비판하는 그 비판으로 너희가 비판을 받을 것이요, 너희의 헤아리는 그 헤아림으로 너희가 헤아림을 받을 것이니라"고 하신 예수님은 오늘 말씀에서 어떤 자들은 지칭하여 '개'와 '돼지'라고 말씀하고 계십니다. 언뜻 생각하면 예수님의 교훈은 모순인 것 같습니다. 너무 경솔하게 판단하고 직설적인 표현을 하는 것이 아닐까 하는 생각도 듭니다.

그러나 예수님은 고통을 당하는 세상의 약자들에게는 한없이 부드럽고 온유하셨지만, 폭력적이고 위선적인 사람들에게는 관대하지 않으셨습니다. 잔인하고 폭력적인 헤롯(안티파스)을 '여우'라고 불렀으며(눅 13:32), 외식하는 서기관들과 바리새인들을 향해서는 '회칠한 무덤'과 '독사의 새끼들'이라는 험한 욕설(!)까지 사용하셨습니다 (마 23:27, 33).

그리스도인은 항상 온유해야 하지만, 악한 자들을 방관하고, 그들과 타협할 정도로 비겁하거나 유약해서는 안 됩니다. 하나님의 말씀으로 바르게 교훈하며, 세상을 바르게 세우는 역할을 하여야 할 것입니다.

2. 거룩한 것은 무엇일까요

"거룩한 것을 개에게 주지 말며, 너희 진주를 돼지 앞에 던지지 말라"는 말씀은, 남에 대한 적절한 충고와 정당한 비판이 초래할 수 있는 위험을 경고하는 것처럼 보입니다.

만약 우리가 먼저 우리 눈에서 들보를 빼어낸 후에 밝히 보게 된다면, 형제의 눈 속에 있는 티를 지적할 수 있는 있을 것입니다. 그러면 지적을 받은 형제는 자신의 잘못을 밝혀준 우리를 당연히 고맙게 생각해야 할 것입니다. 그러나 모든 사람들이 다 자신의 잘못을 지적하는 사람을 달갑게 여기지는 않습니다. 고맙게 여기기는커녕 자존심이 상하여 "네가 잘 났으면 얼마나 잘 났다고, 남에게 이래라 저래라 하냐"는 식으로 오히려 화를 내는 사람도 있을 것입니다.

잠언서에 "거만한 자를 책망하지 말라 그가 너를 미워할까 두려우니라 지혜 있는 자를 책망하라 그가 너를 사랑하리라"(잠 9:8)라는 말씀이 있습니다.

분명히 거룩한 것은 개나 돼지에게는 어울리지 않습니다. 거룩한 것은 하나님의 말씀이나, 또는 하나님의 자녀가 되는 권세와 하나님께 드려질 것들을 의미합니다. 진주는 예수님의 비유 속에 나오듯이 하나님의 나라를 의미합니다. 하나님의 나라에 돼지가 살 수는 없는 것입니다.

3. '개'와 '돼지'는 누구를 말할까요

신약에서 '개'는 이방인(마 15:26) 혹은 영적인 이방인(빌 3:2, 벧후 2:22)을 가리킵니다. 그리고 구약에서 '돼지'는 되새김을 하지 않고 굽이 갈라져 있기 때문에 부정한 동물로 나타납니다. 그래서 이스라엘 사람들은 돼지고기를 먹지 말아야 했으며, 죽은 돼지는 만지지도 말아야 했습니다(레 11:7-8).

모든 사람들에게 복음을 선포해야 하지만, 복음을 선포할 수 없는 현실적인 한계선이 존재하기도 합니다. 어떤 말도 들으려고 하지 않는 사람이 있으며, 그들에게 복음이 조롱을 당하기도 합니다. 정말 구제할 수 없는 불경건한 사람이나, 완전히 사악한 행실에 빠진 사람들에게 복음을 전한다면, 그들은 복음을 거부하고 경멸할 뿐만 아니라, 복음을 전하는 사람을 해치기까지 할 것입니다. 그러므로 예수님은 복음을 극단적으로 거부하거나 배격하는 사람들에게 무분별하게 전도하지 말 것을 가르치시는 것입니다.

"누구든지 너희를 영접하지도 아니하고 너희 말을 듣지도 아니하거든 그 집이나 성에서 나가 너희 발의 먼지를 떨어 버리라"(마 10:14).

복음이 모든 사람에게 전파되어야 하지만, 이처럼 예외적인 상황이 있음을 경고하면서, 예수님은 제자들에게 지혜로운 전도자가 될 것을 가르치십니다.

말씀을 생각하며

1. 오늘의 말씀에서 가장 마음에 남는 말씀은 어떤 말씀입니까?

_____

_____

_____

_____

2. 왜 그 말씀이 마음에 남습니까?

_____

_____

_____

_____

3. 오늘 말씀을 읽고, 나의 신앙생활 속에서 고쳐야 할 점은 무엇입니까?

_____

_____

_____

_____

한 주간의 기도제목

나	
가 정	
교 회	

제43과
포도원의 품꾼들

성경 : 마 20:1-16
찬송 : 40, 197

"주인이 그 중의 한 사람에게 대답하여 이르되 친구여 내가 네게 잘
못한 것이 없노라 네가 나와 한 데나리온의 약속을 하지 아니하였느
냐 네 것이나 가지고 가라 나중 온 이 사람에게 너와 같이 주는 것
이 내 뜻이니라."(마 20:13~14)

농사나 노동은 아침 일찍부터 시작해야 합니다. 왜냐하면 항상 좋
은 날만 있는 것이 아니기 때문입니다. 또한 그 날을 넘기면 많은 손
해를 보기 때문입니다. 이스라엘의 포도 수확은 9월에 시작합니다.
이때 포도밭은 눈코 뜰 새 없이 바빠서 해뜨기 시작해서 저녁 해가
지기까지 분주하게 일합니다. 마치 천국도 포도원의 일과 같습니다.

1. 주인과 품꾼의 계산 차이

주인은 아침 6시에 거리로 나가서 일꾼들을 불렀습니다. 그리고 한
데나리온을 주기로 약속을 했습니다. 아침 9시, 정오, 오후 3시와 5
시에 나가 보아도 놀고 있는 사람들이 있었습니다. 주인은 그들에게
도 한 데나리온씩 주기로 약속한 후 일을 하게 하였습니다. 포도밭이
너무나 바빴으므로 한 사람의 손길이라도 필요했습니다. 만약에 해를
넘기기 전에 포도를 배달하지 못하면 엄청난 불이익이 있을 수도 있
고, 안식일이 다가오므로 일을 마쳐야 하기 때문일 수 있습니다.

하루 일과를 마치고 주인이 청지기를 시켜 계산을 하는데, 맨 나중
에 온 사람들부터 하루의 일당을 나누어 줍니다. 놀랍게도 불과 1시간
밖에 일하지 않은 사람도 한 데나리온을 주는 것이었습니다. 3시간
일한 사람이나 5시간 일한 사람이나 8시간 일한 사람도 모두 한 데나
리온씩 나누어 주는 것이었습니다. 아침 일찍부터 일한 사람들은 불
만이 가득했습니다. 일한 대로 값을 쳐주는 것이 시장경제의 원리요,

당연한 결과라고 생각했습니다. 그러나 이 사건은 임금 지불원리나 경영이론을 가르치기 위한 목적이 아니라, 천국의 원리를 설명하는 것입니다.

2. 주인의 계산방식

주인은 세상의 방식이 아닌 다른 이상한 방식에 근거해서 임금을 지불했습니다. 품꾼들의 일한 수고와 노력에 근거하여 계산하지 않았습니다. 주인은 그들의 부양가족을 염두에 두고, 최소한의 생계는 보장되어야 한다는 원칙을 갖고 있었습니다. 모든 사람들이 동일한 조건으로 대우받아야 그들이 생존할 수 있기 때문이었습니다. 그래서 나이, 성별, 교육정도, 지위, 신분이나 능력, 수고와 일한 대로 계산을 하지 않았습니다.

주인은 그들을 능력을 본 것이 아니라 필요에 의해서 불러서 일을 시킨 것이므로, 품꾼들은 일할 수 있는 것만으로도 만족하고 감사해야 하는 것입니다. 우리의 어떤 능력이나 가치 때문에 하나님이 부르시고 구원하신 것이 아닙니다. 우리는 하나님의 사랑으로 부름을 받았고, 그리스도의 은혜로 값없이 구원을 받았습니다. 그러므로 항상 하나님의 사랑에 감사하는 삶을 살아야 합니다.

3. 오직 예수 그리스도의 은혜

포도원 주인은 사람들을 차별한 것이 아닙니다. 그는 일꾼이 일한 만큼 삯을 주었습니다. 또한 그는 모든 사람들의 생존권이 보장되어야만 한다는 것을 알고 자비의 정신을 실천했습니다. 하나님의 계산방식은 사람들의 계산방식과 차이가 있습니다. 그는 모든 사람들이 구원 얻으며 진리를 아는 데 이르기를 원하십니다. 모든 사람들이 복음을 듣고 주께로 돌아오는 것이 하나님의 간절한 소망입니다.

일반적으로 많은 그리스도인들이 교회에서 봉사하면서 아침 6시에 나온 사람들처럼 임금을 지급받기를 원합니다. 다른 사람보다 조금 더 많이 받아야 자신의 수고에 대한 보상으로 여기고 기뻐합니다. 하나님 앞에서 온전한 의식을 가진 그리스도인으로 직장, 사업을 하시는 분들은 아침 6시에 부름받은 일꾼들일 것입니다. 하나님께서 우리를 복주시고 일할 수 있도록 은혜를 베푸셨습니다.

"내가 할 수 있는 것은 오직 감사와 기도뿐, 두 손을 높이 들고 주께 감사하네." 이 찬양이 우리의 신앙고백이 되어야 합니다. 그리고 열심히 일한 소득을 가지고 다른 연약한 지체들을 도우며 그들이 우리처럼 생활 속에서 동등한 대우를 받을 수 있도록 나눔이 실천되어야 합니다.

말씀을 생각하며

1. 오늘의 말씀에서 가장 마음에 남는 말씀은 어떤 말씀입니까?

_____

_____

_____

_____

2. 왜 그 말씀이 마음에 남습니까?

_____

_____

_____

_____

3. 오늘 말씀을 읽고, 나의 신앙생활 속에서 고쳐야 할 점은 무엇입니까?

_____

_____

_____

_____

한 주간의 기도제목

나	
가 정	
교 회	

가꾸어 드리는 삶

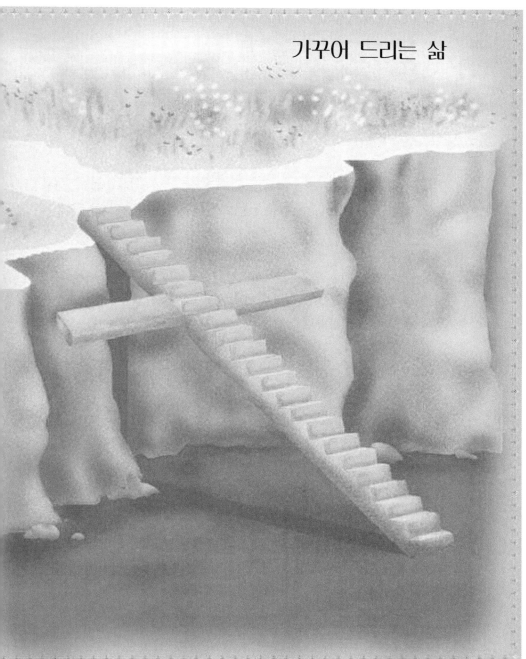

제44과
영적 추수꾼

성경 : 마 9:35-38

찬송 : 511, 589

"예수께서 모든 도시와 마을에 두루 다니사 그들의 회당에서 가르치
시며 천국 복음을 전파하시며 모든 병과 모든 약한 것을 고치시니라
무리를 보시고 불쌍히 여기시니 이는 그들이 목자 없는 양과 같이
고생하며 기진함이라 이에 제자들에게 이르시되 추수할 것은 많되
일꾼이 적으니 그러므로 추수하는 주인에게 청하여 추수할 일꾼들을
보내어 주소서 하라 하시니라."(마 9:35~38)

농사짓는 사람들에게 있어서는 씨를 뿌리는 것도 중요하고, 김을
매는 것도 중요합니다. 그러나 그 모든 것보다 더 중요한 것은 추수하
는 것입니다. 아무리 씨를 잘 뿌리고 김을 잘 매 놓았다 해도 추수 때
에 잘못하면 소용이 없습니다. 그래서 땀과 수고로 결실한 열매를 거
두어 드릴 열심 있는 추수꾼이 필요합니다. 이와 같이 하나님이 나라
에는 영적인 추수기가 있습니다. 오늘 말씀은 제자들을 영적 추수꾼
으로 부르시는 장면입니다.

1. 우리에게는 주님의 눈이 있어야 합니다

주님은 사람들을 목자 없는 양같이 보셨습니다. 양이란 목자가 있
어야 사는 짐승입니다. 양은 목자가 없으면 자기 밥도 제대로 찾아 먹
지 못하고 자기 길을 올바로 가지도 못하며, 위험에 대한 자기 방어능
력이 없어서 결국은 맹수의 밥이 되고 맙니다. 주님은 그 당시 무리들
을 보실 때에 그런 눈으로 보셨습니다. 그리고 그들이 목자 없는 양과
같이 고생하며 유리하는 것을 불쌍히 여기셨습니다.

또한 주님은 그들을 추수할 곡식으로 보셨습니다. 추수할 곡식은
추수꾼들에게는 매우 귀중한 것입니다. 그것은 추수만 잘하면 알곡이
됩니다. 그러나 추수를 잘못하면 쓰레기가 되어 버리고 맙니다.

주님은 그런 눈으로 사람들을 보면서 어떻게 해서든지 한 알곡이라도 추수해 거두어들이려고 하셨다는 말입니다. 오늘 우리에게도 이런 눈이 있어야 합니다.

우리 영적 추수꾼들에게는 모든 영혼들이 목자 잃은 양과 같이 보이고, 추수를 기다리는 곡식과 같이 보여야 한다는 것입니다.

2. 우리에게는 주님의 마음이 있어야 합니다

주님은 무리들을 보시고 그들이 목자 없는 양같이 고생하며 유리하는 것을 보고 민망히 여기셨다고 말씀합니다. "민망히 여기다"라는 말은 내부의 창자에서부터 동정심이 우러나와 마음을 움직인다는 의미의 격한 표현입니다. 주님은 육체적으로 병든 사람들, 정신적으로 병든 사람들을 보실 때에도 불쌍히 여기셨습니다. 목자 없는 양 같은, 곧 하나님을 믿지 않고 예수님이 이 땅에 오셨지만 알지 못하고 영적으로 유리하며 방황하는 그들의 영적 상태를 보시고 이렇게 마음 아프게 여기셨던 것입니다.

전도는 영적 추수를 의미합니다. 영적 추수라는 것이 입만 가지고 하는 것이 아닙니다. 돈으로 될 수 있는 것도 아니고 시간을 내서 열심히 다닌다고 되는 것도 아닙니다. 무엇보다 주님의 눈과 마음이 있어야 합니다.

오늘 우리에게도 이런 마음이 필요합니다. 구원받지 못한 사람들을 볼 때 안타까워하고 불쌍히 여기는 마음, 겉으로만 아니라 창자에서부터 끓어오르는 영적 동정심이 있어야 합니다. 그래야만 진정한 영적 추수꾼이 될 수 있는 것입니다.

3. 우리는 우리의 필요를 알아야 합니다

주님이 탄식하십니다. 추수할 것은 많지만 일꾼이 적다는 탄식입니다. 우리 농촌 현실은 추수 때에 일손이 부족하다고 합니다. 그래서 추수 때가 되면 온 집안 식구가 다 들에 나갑니다. 할머니 할아버지, 심지어는 아이들까지 다 나가서 추수를 돕습니다. 추수 때는 심방을 가봐야 집에 사람이 아무도 없습니다. 적은 한 손이라도 추수 때는 필요한 것입니다.

영적 추수 때도 마찬가지입니다. 추수할 것은 많으나 일꾼이 부족합니다. 교회가 전도를 하지 않으면 일이 없지만, 전도를 하기 시작하면 일이 많아집니다. 직접 나가서 뛰는 사람도 필요하지만 그것을 위해서 준비하는 일, 또 새로운 신자를 양육하는 일도 매우 중요합니다. 이러한 때에 "나같이 보잘것없는 사람도 써주소서, 나를 보내소서"라는 고백이 나와야 하는 것입니다. 그리고 추수할 일꾼들을 보내어 달라고 기도해야 합니다.

하나님은 우리를 영적 추수꾼으로 부르셨습니다. 이것은 우리가 평생 할 일입니다. 추수는 참으로 보람된 일입니다. 어떤 사람들은 심고 어떤 사람들은 물을 주지만 거두는 사람은 특별히 큰 기쁨과 보람을 갖습니다. 그래서 이 추수할 때에 힘들고 어렵지만 노래를 부르며 바쁘게 일하는 농민을 봅니다. 큰 수확이 있기 때문입니다. 내가 먼저 주님의 눈을 가지고 주님의 마음을 가지며, 주님의 일꾼이 되어 영적 추수꾼이 되게 해 달라고 기도하기 바랍니다.

말씀을 생각하며

1. 오늘의 말씀에서 가장 마음에 남는 말씀은 어떤 말씀입니까?

_____

_____

_____

_____

2. 왜 그 말씀이 마음에 남습니까?

_____

_____

_____

_____

3. 오늘 말씀을 읽고, 나의 신앙생활 속에서 고쳐야 할 점은 무엇입니까?

_____

_____

_____

_____

한 주간의 기도제목

나	
가 정	
교 회	

제45과
알곡과 가라지

성경 : 마 13:24-43

찬송 : 587, 176

"사람들이 잘 때에 그 원수가 와서 곡식 가운데 가라지를 덧뿌리고
갔더니 싹이 나고 결실할 때에 가라지도 보이거늘."(마 13:25-26)

씨앗이 밭에 떨어져서 싹이 나고 자라 열매를 맺음으로 추수하게
되는 것처럼, 우리는 믿음으로 말씀을 순종하여 열매를 신앙생활의
열매를 맺어야 합니다. 밭에는 알곡과 가라지가 함께 자라듯이 이 세
상에는 빛과 어두움, 선과 악, 의와 불의가 공존하고 있습니다. 마찬
가지로 교회에도 알곡과 가라지가 함께 자라가고 있습니다. 그러므로
오늘의 말씀을 통하여 우리가 신앙생활을 어떻게 해야 할 것인지에
대하여 교훈을 얻고자 합니다.

1. 곡식과 가라지의 차이

가라지는 사단이 뿌리는 나쁜 씨로, 독보리와 비슷한 잡초입니다.
때문에 처음에는 분간하기가 아주 힘듭니다. 그 중에서도 특히 수염
이 있는 독보리는 독이 있어서 이것을 잘못하여 먹게 되면 구토와 현
기증을 일으키고 심지어는 생명을 잃는 경우도 있습니다. 뿐만 아니
라 이 가라지는 자생력이 강해서 뿌리가 사방으로 뻗게 되어 곡식의
뿌리까지 다 감싸게 됩니다. 그러므로 많은 곡식들에게 심각한 피해
를 줍니다. 다시 말하면, 가라지와 같은 인간은 우리 성도들의 영육을
병들게 하고 괴롭히는 아주 악한 존재인 것입니다.

그리고 곡식과 가라지는 언제나 공생합니다. 이 곡식과 가라지는
같은 밭에서 같은 시기에 같이 자랍니다. 마찬가지로 이 세상에는 우
리 하나님께서 주시는 햇빛과 공기, 물과 양식으로 신자와 불신자 순

종하는 사람과 불순종하는 사람, 선한 사람과 악한 사람, 쓸모 있는 사람과 쓸모없는 사람이 같이 살아가고 있습니다.

여러분의 속성은 어떻습니까? 곡식의 속성을 가지고 있습니까, 가라지의 속성을 가지고 있습니까?

2. 가라지에 비유되는 자들

가라지와 같은 인생은 외식하는 자들입니다. 외식하는 자들은 언제나 언행심사에 진실성이 없이 조작된 모습을 갖습니다. 이들의 특징은 입술로는 하나님을 섬기지만 실제로는 그 마음과 삶이 이 세상의 방탕과 탐욕으로 가득 차 있습니다(마 23:25, 막 7:6). 뿐만 아니라 시대도 분별치 못하면서 잘난 척하고(눅 12:56) 불평 불만하면서 교회 안에 거짓된 교훈을 은밀히 들여와 말썽을 일으킵니다. 다시 말하면 믿음이 있는 것처럼 말하는데 믿음이 없고, 열심히 충성하는 것 같은데 실상은 불충성하며, 진실한 것 같은데 거짓됩니다.

그러므로 가라지와 같은 불법자들은 언제나 그릇된 사상과 언어, 행동으로 사실을 왜곡하여 사람들을 미혹하며 죄를 짓고 악을 행하게 하여 결국 망하게 하는 사단의 자식들입니다. 뿐만 아니라 거듭나지 못한 자들로서 주님의 뜻보다는 언제나 자기의 생각을 주장하고 고집을 부리면서 남에게 상처를 주고 괴롭히며 교회를 어지럽힙니다. 그리하여 결국은 가정과 교회, 사회에서 내쫓김을 당하고 저주받아 망하게 됩니다.

우리 모두 언행심사를 삼가 주의하여 가라지와 같은 외식자들의 거짓된 교훈에 사로잡히는 일이 없도록 해야 합니다. 이유여하를 막론하고 불법을 행함으로 남을 괴롭히고 손해나게 하는 일을 해서는 안될 것입니다. 무엇보다도 내 생각을 포기하고 하나님의 뜻을 따라가는 멋진 그리스도인들이 되시기 바랍니다.

3. 가라지의 비유의 교훈

어느 누구도 남을 정죄할 수 없습니다. 왜냐하면 우리 자신들도 추하고 더러운 죄인일 뿐만 아니라 다른 사람을 판단하고 정죄하는 일로 인하여 다른 사람들에게 상처를 줄 수 있기 때문입니다. 가라지와 같이 악한 자라고 할지라도 불평하거나 정죄하지 말고 그대로 두라고 하셨습니다. 그것은 바로 그 일로 인하여 신앙생활을 잘하고 있는 착한 성도들이 다칠까봐 염려되기 때문이라고 하셨습니다.

우리의 책임은 가라지를 뽑는 것이 아니라 좋은 씨를 열심히 심는 일입니다. 또한 사단의 활동을 경계해야 합니다. 추수 때가 되면 분명코 곡식과 가라지는 베임을 받아 곡식은 창고에, 가라지는 불 속에 던져지게 됩니다. 마찬가지로 지금은 우리들의 신앙생활에 대한 공력이 나타나지 않지만 심판의 때가 되면 곡식과 가라지가 완전히 구분이 되는 것처럼 드러나게 될 것입니다.

그러므로 우리 모두 지금 이 시간에 철저하게 회개하고 죄악의 잠에서 깨어나야 하겠습니다. 그래야 내가 살고 가정을 복되게 하며 교회를 부흥시킬 수 있습니다.

말씀을 생각하며

1. 오늘의 말씀에서 가장 마음에 남는 말씀은 어떤 말씀입니까?

_____

_____

_____

_____

2. 왜 그 말씀이 마음에 남습니까?

_____

_____

_____

_____

3. 오늘 말씀을 읽고, 나의 신앙생활 속에서 고쳐야 할 점은 무엇입니까?

_____

_____

_____

_____

한 주간의 기도제목

나	
가 정	
교 회	

제46과
포 도 나 무 비 유

성경 : 요 15:1-6

찬송 : 90, 314

"나는 포도나무요 너희는 가지라 그가 내 안에, 내가 그 안에 거하
면 사람이 열매를 많이 맺나니 나를 떠나서는 너희가 아무 것도 할
수 없음이라 사람이 내 안에 거하지 아니하면 가지처럼 밖에 버려져
마르나니 사람들이 그것을 모아다가 불에 던져 사르느니라."(요 15:
5~6)

포도나무의 비유는 우리가 너무나 잘 아는 말씀입니다. 포도나무
밭에 나가보면 이른 봄에는 나무줄기 밖에 없지만, 움이 트고 잎이 나
오면서 가지가 쭉쭉 뻗어나갑니다. 그리고 그 가지에서 포도송이가
맺히는 것을 볼 수 있습니다. 포도는 세계적으로 약 8,000여 종이 있
다고 합니다. 포도당, 비타민이 특히 풍부한 포도열매는 배고픔을 달
래고 기운이 나게 하며, 추위를 타지 않게 하고, 포도씨앗은 암 예방
에도 효력이 있다고 합니다. 성경에도 포도나무와 포도원에 대한 비
유가 많이 나오고 있습니다.

1. 예수님은 포도나무요 우리는 가지입니다

예수님은 참 포도나무이시고 그 포도나무를 돌보아 주시는 분은 하
나님이십니다. 포도나무는 강한 섬유질을 가지고 가지를 단단히 붙잡
고 있기 때문에 어떠한 폭풍우가 불어도 가지가 떨어져 나가지 않습
니다. 다른 나무의 가지는 거센 폭풍우에 꺾이고 잘려도 포도나무 가
지는 줄기에서 떨어지지 않습니다. 아무리 거센 바람이 불어도 포도
나무는 가지를 꼭 붙잡고 있습니다. 이것은 예수님이 우리를 붙잡고
계신 것과 마찬가지입니다.

우리가 스스로 주님을 배반하고 하나님께 등을 돌리지 않는 이상

하나님 아버지와 예수님은 우리를 결코 놓지 않으십니다. 환난이나 곤고, 적신이나 위험, 기근이나 칼이 와도 우리 주 예수 그리스도로 말미암아 우리는 넉넉히 이기고 하나님 품 안에 있을 수 있습니다. 그러므로 포도나무 되시는 예수 그리스도께 가지인 우리가 붙어 있는 것은 우리의 힘 때문이 아닙니다. 하나님 아버지와 예수 그리스도의 뜻과 섭리로 우리를 힘껏 붙잡고 계시기 때문입니다. 그러므로 우리는 그 어떠한 폭풍우에도 그리스도 안에서 하나님께 의지할 수 있습니다.

2. 나무는 영양분을 공급하고 가지는 열매를 맺습니다

수분과 양분을 뿌리로부터 끌어올려 공급하는 일은 나무가 하는 것입니다. 나무가 수분과 양분을 끌어올려 가지에 공급하면 가지는 잎을 내고 꽃을 피워 열매를 맺게 되는 것입니다. 마찬가지로 예수님도 우리에게 직접 하나님의 은혜를 공급해 주셔서 우리가 열매 맺는 인생을 살도록 만들어 주십니다.

가지가 줄기에 붙어 있지 않으면 생존할 수 없고, 열매를 맺을 수 없습니다. 이와 같이 우리가 예수님 안에 있지 않으면 하나님 은혜의 열매를 결코 맺을 수 없습니다. 하나님 은혜의 열매는 우리의 힘으로는 맺을 수 없습니다. 하나님께서 예수 그리스도를 통해 우리에게 은혜를 공급해 주시므로, 우리는 예수님을 통해 그 은혜로 말미암아 열매 맺고 살 수 있는 것입니다.

포도나무인 예수님을 통해서 우리가 얻는 것은 거룩함과 성령 충만입니다. 예수님은 포도나무 뿌리인 십자가를 통해 세상과 마귀를 멸하시고 우리에게 성결과 성령 충만의 은혜를 주셨습니다. 우리가 예수 그리스도를 의지하고 성령 충만을 주시는 하나님을 믿을 때 우리의 삶 속에 하나님의 성령께서 거하시게 됩니다.

3. 구하면 풍성한 열매를 맺습니다

주님은 "너희가 내 안에 거하고 내 말이 너희 안에 거하면 무엇이든지 원하는 대로 구하라 그리하면 이루리라"라고 말씀하셨습니다. 우리가 주께 더 큰 은혜를 얻기 위해서는 한 발자국 더 나아가 주님 말씀을 의지하고 구해야 합니다. 그럴 때 주님은 우리에게 더 많은 은혜를 주십니다.

우리는 그저 포도나무이신 예수께 붙어만 있으면 주께서 열매를 풍성히 맺게 해 주십니다. 나아가 우리가 더 크게 열매를 맺으려면 하나님 말씀을 읽고 들으며, 그 말씀이 우리의 마음속에 들어올 때 말씀을 따라 구해야 합니다. 주께서 우리와 같이 계시고 우리가 포도나무이신 주께 붙어 있을 때, 더 큰 열매를 맺기 위해서는 입을 넓게 열어 꿈을 가지고 그리고 믿음으로 내어 맡기며 기도해야 합니다.

하나님께서는 우리들의 삶이 풍성한 열매로 복되기를 원하십니다. 하나님은 농부이시므로 우리를 통해 농사를 많이 짓기 원하십니다. 또한 우리는 최고의 농부와 최상의 포도나무에 붙어 있으므로 우리가 올바르게 행동한다면 풍성한 열매를 맺을 수 있습니다.

말씀을 생각하며

1. 오늘의 말씀에서 가장 마음에 남는 말씀은 어떤 말씀입니까?

_____

_____

_____

_____

2. 왜 그 말씀이 마음에 남습니까?

_____

_____

_____

_____

3. 오늘 말씀을 읽고, 나의 신앙생활 속에서 고쳐야 할 점은 무엇입니까?

_____

_____

_____

_____

한 주간의 기도제목

나	
가 정	
교 회	

제47과
은밀히 자란 씨

성경 : 막 4:26-29
찬송 : 590, 588

"또 이르시되 하나님의 나라는 사람이 씨를 땅에 뿌림과 같으니 그가 밤낮 자고 깨고 하는 중에 씨가 나서 자라되 어떻게 그리 되는지를 알지 못하느니라 땅이 스스로 열매를 맺되 처음에는 싹이요 다음에는 이삭이요 그 다음에는 이삭에 충실한 곡식이라 열매가 익으면 곧 낫을 대나니 이는 추수 때가 이르렀음이니라."(막 4:26~29)

1. 우리는 씨앗을 뿌려야 합니다

하나님의 나라는 사람이 씨를 땅에 뿌림과 같다는 말씀은, 하나님의 나라가 확장되는 것은 인간 스스로의 지혜 있는 능력으로 이루어진 것이 아니라 하나님의 주권적인 은혜로 된다는 것을 말씀해 주시는 것입니다. 그런데 여기서 중요한 것은 생명의 씨앗을 뿌리는 역할은 우리가 해야 된다는 것입니다. 전도는 생명 있는 씨앗을 뿌리는 역할입니다. 로마서 10장 14절에 보면, "그런즉 그들이 믿지 아니하는 이를 어찌 부르리요 듣지도 못한 이를 어찌 믿으리요 전파하는 자가 없이 어찌 들으리요"라고 말씀하십니다. 말씀을 들어야 믿음이 생기고, 그 말씀을 우리가 전파해야 사람들이 들을 것이 아닙니까? 그러므로 우리는 복음을 전하는 일에 열심을 다해야만 합니다.

씨앗은 그대로 있으면 소용이 없습니다. 씨앗은 뿌려져야 합니다. 그래야 싹이 트고 자라서 열매를 맺게 되는 것입니다. 우리의 역할을 곧 씨를 뿌리는 것입니다.

2. 키우는 분은 하나님이십니다

농부가 씨앗을 뿌리고 물을 주고 많은 노력을 하지만 결국은 그 씨앗이 나고 성장하는 과정은 농부의 노력으로 되는 것이 아닙니다. 아침에 자고 일어나면 어느 순간에 심어놓았던 것이 자란 것을 보게 되는데, 여기에 중요한 영적 진리가 담겨 있습니다. 바로 성장케 하는 자는 하나님이시라는 것입니다.

우리가 씨를 뿌리지만 그 영혼이 자라는 것은 하나님께서 하실 일입니다. 우리에게 그런 능력은 없습니다. 우리는 씨앗을 뿌리고 물을 주었을 뿐이지, 자라나게는 못합니다. 이는 우리가 복음을 전하기는 하지만 사람을 변화시키는 것은 하나님이 하신다는 것입니다. 그래서 바울은 "나는 심었고 아볼로는 물을 주었으되 오직 하나님은 자라나게 하셨나니 그런즉 심는 이나 물주는 이는 아무 것도 아니로되 오직 자라나게 하시는 하나님뿐이니라"라는 말을 했습니다.

우리는 복음의 씨앗을 뿌립니다. 그리고 나름대로 양육하려고 최선을 다하지만 결국 한 영혼이 자라나게 하는 것은 하나님이심을 잊지 말아야 합니다. 우리 자신이 무엇을 할 수 있다고 생각하지 마시기 바랍니다. 그것은 착각입니다. 모든 것은 하나님이 하십니다.

열심히 전도를 하는데 열매를 얻지 못하는 경우도 있습니다. 열심히 전도를 하는데 자신의 영적 성장이 나타나지 않을 수도 있습니다. 하나님의 일은 순서가 있습니다. 하나님께서 하시니 기다리시기 바랍니다.

3. 영적인 진리는 과정이 있습니다

"땅이 스스로 열매를 맺되 처음에는 싹이요 다음에는 이삭이요 그 다음에는 이삭에 충실한 곡식이라"라고 말합니다. 처음부터 열매를 맺는 것이 아니기 때문에 복음의 씨앗을 뿌린 다음에 너무 조급하게 서두르지 말라는 말입니다.

씨를 뿌리면서 나지 않을까 염려도 됩니다. 바람이 불고 홍수가 나서 농사가 망칠 염려도 있습니다. 가라지가 뒤덮일 수도 있습니다. 우리는 다만 영적으로 잘 자라게 해달라고 기도할 뿐입니다. 사람의 마음을 어떻게 우리가 움직일 수 있습니까? 하나님 앞에 다 맡기면 됩니다. 복음 운동은 생명 운동이기 때문에, 분명한 것은 열매가 맺게 되어 있다는 것입니다.

하루아침에 남편과 자식을 변화시키려고 하면 안 됩니다. 모든 일에는 과정이 있습니다. 우리는 계속해서 복음을 증거하고 전달해 줄 뿐이지 무리하게 부담을 주고 강요하면 안 됩니다. 이러한 부담이 신앙생활을 힘들고 고달픈 종교생활같이 오해하게 만듭니다. 부담은 종교입니다. 그러나 복음은 기쁨입니다.

성장과 변화는 매일매일 조금씩 있습니다. 그러나 지속적으로 이루어집니다. 우리는 생명의 씨앗이 뿌려졌다면 분명히 열매를 맺게 되어 있다는 사실을 믿어야 합니다.

초대 한국에서 기독교는 염병과 같다는 말이 생겼습니다. 복음이 마치 염병처럼 퍼진다는 의미입니다. 복음이 들어오면 그 가정은 다 예수님을 믿게 된다는 것입니다. 복음에는 생명이 있습니다. 복음은 겨자씨와 같이 번식력이 강하여 많은 생명을 구원하는 역사를 이룹니다.

말씀을 생각하며

1. 오늘의 말씀에서 가장 마음에 남는 말씀은 어떤 말씀입니까?

_____

_____

_____

_____

2. 왜 그 말씀이 마음에 남습니까?

_____

_____

_____

_____

3. 오늘 말씀을 읽고, 나의 신앙생활 속에서 고쳐야 할 점은 무엇입니까?

_____

_____

_____

_____

한 주간의 기도제목

나	
가 정	
교 회	

제48과
알곡과 쭉정이

성경 : 마 3:12

찬송 : 182, 589

" 손에 키를 들고 자기의 타작 마당을 정하게 하사 알곡은 모아 곳
간에 들이고 쭉정이는 꺼지지 않는 불에 태우시리라."(마 3:12)

농부가 논과 밭에 씨앗을 뿌리고 정성을 들여서 가꾸는 이유는 가
을에 풍성한 열매를 바라기 때문입니다. 오늘 말씀에서 하나님께서는
타작마당을 정하게 하사 알곡은 모아 곡간에 들이고 쭉정이는 꺼지지
않은 불에 태우시리라고 말씀했습니다. 농사를 짓는 농부는 하나님이
요, 알곡은 믿음의 신자요, 쭉정이는 형식적인 신자들을 비유하신 말
씀입니다. 이 시간에는 알곡과 쭉정이 신앙은 어떻게 다른지 비교하
면서 살펴보기로 하겠습니다.

1. 알곡은 생명이 있고 쭉정이는 생명이 없습니다

알곡이나 쭉정이는 외관상으로 보면 똑같이 보여도 알곡에는 생명
이 있고 쭉정이는 생명이 없습니다. 아무리 많은 씨앗을 논밭에 뿌려
도 생명이 없는 쭉정이는 그대로 썩어 버리고 마는 것입니다. 그러나
생명이 있는 알곡은 싹을 낼 수가 있습니다. 알곡은 살아 있고 쭉정이
는 죽어 있는 것입니다.

예수님께서는 사람이 물과 성령으로 거듭나지 아니하면 하나님의
나라에 들어갈 수가 없다고 말씀 하셨습니다. 우리의 인간의 생명은
태어나면서부터 죽은 생명으로 태어났습니다. 살아서 숨은 쉬고 있으
나 실상은 허물과 죄로 죽은 자들입니다. 그러므로 죽은 생명을 가지
고는 하나님 나라에 들어갈 수가 없습니다. 쭉정이는 그러므로 천국
에 들어갈 수가 없습니다. 살아 있는 믿음을 가진 자가 천국에 들어갑

니다. 살아 있는 믿음, 알곡 믿음을 가진 자는 예수 그리스도를 믿음으로 말미암아 성령으로 거듭난 새 생명을 소유한 자입니다.

여러분 안에 예수님의 생명이 있어야 합니다. 예수가 있는 자는 생명이 있고 예수가 없는 자는 생명이 없습니다. 쭉정이가 되지 않고 알곡이 되시기를 원하신다면 이 시간에 예수님을 구주로 모시기를 바랍니다.

2. 알곡은 고개를 숙이고 쭉정이는 고개를 듭니다

벼가 익어가는 논에 가보면 알곡일수록 고개를 아래로 숙이지만 쭉정이는 고개를 들고 있는 것을 볼 수 있습니다. 마찬가지로 알곡 신자일수록 겸손해지고 알곡이 아닐수록 교만하다는 것을 교훈하여 줍니다.

하나님의 은혜로 구원함을 받은 것을 아는 자가 겸손한 자입니다. 겸손한 자는 은혜를 받은 자요, 은혜를 받은 자는 하나님의 사랑과 은혜에 감사하며 감격하는 자입니다. 그래서 바울처럼 "나의 나 된 것은 하나님의 은혜로다"라고 고백할 수 있게 됩니다.

주님은 쭉정이를 원하시는 것이 아니라 알곡을 원하십니다. 쭉정이 신자는 되지 못하고도 된 줄로 착각하고, 알지 못하면서도 아는 척 하는 자입니다. 그런 알곡 신자는 하나님 앞에 언제나 자신의 부족함을 발견하고, 하나님의 뜻대로 살지 못한 것 때문에 가슴아파하고, 다른 사람들의 허물과 죄를 보면서 자기 탓으로 여기며, 다른 사람의 허물과 죄를 하나님 앞에 중보 기도하는 자입니다.

은혜를 받았으면 겸손히 섬기는 자가 되어야 합니다. 신앙은 논리나 말이 아니고 겸손을 통하여 나타나는 것입니다. 은혜를 바르게 받지 못하면 교만해 집니다. 하나님을 향하여 불평합니다. 하나님께서 원하시고 찾으시는 성도는 교만한 쭉정이 신자가 아니요, 알곡 신자입니다.

3. 바람에 날리지 않으면 알곡이요, 쭉정이는 날아갑니다

곡식이 익으면 추수를 합니다. 알곡도 거두고 쭉정이도 거두어 들입니다. 농부는 창고에 보관하기 전에 키질을 합니다. 알곡은 앞으로 모이지만 쭉정이는 바람에 멀리 날아가 버립니다. 겉으로 보기에는 알곡이나 쭉정이나 크게 차이가 나지 않으나, 바람에 날려보면 쭉정이는 멀리 날아가 버리지만 알곡은 남게 됩니다.

신자들도 이와 마찬가지로 겉으로 보아서는 누가 알곡 신자인지 누가 쭉정이 신자인지 알 수 없습니다. 그러나 시험의 바람이 불어오고 환난의 바람이 불어오면 알곡 신자는 끝까지 믿음을 지키지만 쭉정이는 바람에 멀리 날아 가버립니다. 알곡은 창고에 들어가지만 쭉정이는 불에 태워집니다.

이 세상 마지막에도 하나님께서는 시험과 환란을 통하여 알곡을 골라내는 작업을 하실 것입니다. 그날에 하나님은 알곡은 알곡대로 골라내어 창고에 들이시고, 쭉정이는 쭉정이대로 골라내어 타는 불에 던지실 것입니다.

천국은 예수 그리스도를 믿는 자가 믿음으로 들어가는 곳입니다. 그곳에는 알곡 된 성도가 들어갈 곳입니다. 그러나 쭉정이가 가는 곳은 영원히 꺼지지 않은 지옥 불입니다.

알곡과 쭉정이가 함께 있을 때는 잘 모르나 반드시 하나님은 알곡과 쭉정이를 갈라내실 것입니다. 그때에 부끄러움을 당하지 않으려면 하나님을 바로 믿으시기를 바랍니다. 진실하게 믿어야 합니다. 오늘 이 순간에 하나님께서 나의 생명을 부르신다고 할지라도 천국 창고에 들어갈 수 있는 알곡 된 믿음의 생활을 하시기 바랍니다.

말씀을 생각하며

1. 오늘의 말씀에서 가장 마음에 남는 말씀은 어떤 말씀입니까?

_____

_____

_____

_____

2. 왜 그 말씀이 마음에 남습니까?

_____

_____

_____

_____

3. 오늘 말씀을 읽고, 나의 신앙생활 속에서 고쳐야 할 점은 무엇입니까?

_____

_____

_____

_____

한 주간의 기도제목

나	
가 정	
교 회	

12월

다시 은혜를 받는 삶

제49과
우리의 달란트

성경 : 마 25:14-30
찬송 : 597, 575

"무릇 있는 자는 받아 풍족하게 되고 없는 자는 그 있는 것까지 빼앗기리라 이 무익한 종을 바깥 어두운 데로 내쫓으라 거기서 슬피 울며 이를 갈리라 하니라."(마 25:29~30)

열처녀 비유는 주님께서 언제 재림하실는지 아무도 알 수 없으니 항상 깨어서 주님 오실 때 맞이하고 영접할 수 있는 준비를 해야 한다는 것을 보여줍니다. 달란트의 비유는 주님께서 주신 직책대로, 혹은 재능대로 충성을 다하라는 것임을 보여주고 있습니다. 우리는 소망과 믿음과 사랑에 관하여 주신 말씀에서 달란트 비유에서, 본문 15절에 "각각 그 재능대로"라는 말씀을 주제로 성도의 믿음에 대한 바른 가르침을 이해하고 영적으로 눈을 뜨고 성장하는 시간이 되기를 바랍니다.

1. 우리의 재능은 하나님의 것입니다

어떤 사람이 타국에 가면서 그 종들을 불러 자기 소유를 맡겼습니다. 각각 그 재능대로 하나에게는 금 다섯 달란트를, 하나에게는 두 달란트를, 하나에게는 한 달란트를 주고 떠났습니다. 여기에 나오는 "어떤 사람"은 당시의 부유한 사람이나 권력자를 의미하기도 하지만, 영적으로 예수님이 성도들에게 구속사적인 일들을 맡기는 말씀으로 보는 것이 타당합니다.

본 달란트 비유에서 먼저 기억해야 할 것은 사람이 가진 재능은 원천적으로 하나님의 소유라는 사실입니다. 우리의 목숨도 하나님이 지으시고 부모를 통하여 주신 것입니다. 세상의 모든 것들이 다 하나님의 것입니다. 하나님께서 우리에게 맡기신 것뿐입니다(욥 1:21, 학 2:8, 시 50:10-12). 그래서 성경은 우리가 이런 것들을 맡아 잠시 세상에서 선한 청지기로 수고할 뿐이라 했습니다. 그러므로 바울은 모든 세상의 것과 자기 자신마저 다 하나님께로 돌아가야 함을 선포하고 있습니다(롬 11:36).

본문에서는 이 재능을 맡게 된 자들을 종이라 말하고 있습니다. 종은 주인의 재산을 맡았지만 자기 것이 아니고 관리를 해야 하는 책임만 있을 뿐입니다. 그런데 우리가 가진 목숨과 세상의 모든 것을 내 것으로 자랑하고 맘대로 사용하기 일쑤입니다. 그러므로 모든 각양 은사를 하나님의 것으로 항상 기억해야 합니다.

2. 각각 재능대로 일해야 합니다

사람에게 주어진 개성과 특유한 능력이 결코 작은 것이 아니라 아주 큰 능력임을 말해주고 있습니다. 1달란트는 6,000데나리온에 해당하는 엄청난 가치의 화폐였습니다. 당시 한 데나리온은 노동자 하루 품삯이고, 하루 품삯을 5만원으로 계산해도 3억이 되는 액수로 절대 적은 단위의 능력이 아닙니다.

각 종에게 달란트가 달리 나누어졌습니다. 사람마다 능력의 성질과 그 정도가 각양 다르게 주어졌다는 사실입니다. 억지를 부리거나 해서 타인과 동등하게 여길 것이 아니란 말입니다. 그러므로 믿음으로 일해야 할 성도의 영력마저도 하나님이 맡기신 정도가 있음을 기억해야 합니다. 그러므로 우리는 하나님께서 각 사람에게 나눠주신 믿음의 분량대로 최선을 다하여 일해야 합니다(롬 12:3, 6).

다섯 달란트 받은 자는 바로 가서 그것으로 장사하여 다섯 달란트를 남기고, 두 달란트를 받은 자도 그같이 하여 두 달란트를 남겼지만, 한 달란트 받은 자는 가서 땅을 파고 그 주인의 돈을 감추어 두었다고 했습니다. 다섯 달란트와 두 달란트 받은 자들은 각각 원금의 배를 남겨 주인의 칭찬을 받았으나, 한 달란트 받은 자는 게을러서 일하지 않고 한 달란트를 땅에 묻어 둔 채로 있다가 꾸지람을 받게 되었습니다. 여기서 중요한 것은 많은 액수를 남겼기 때문에 칭찬을 받은 것이 아니라 각자 받은 역량대로 일함으로 인해 칭찬을 받았다는 것입니다.

3. 반드시 회계할 날이 돌아옵니다

우리에게는 하나님이 나눠주었던 달란트에 대하여 계산할 회계의 날이 오게 됩니다. 하나님은 형제에게 행한 일, 즉 성도가 세상을 향해 한 일이 곧 주님께 한 일이 되어서 선함과 사랑 가운데 얼마나 충성스럽게 살았느냐를 묻겠다고 말씀하셨습니다.

우리가 어떤 의미에서는 하나님 앞에 큰일을 한 것 같아도 겸손한 마음을 지녀야 합니다. 우리는 다섯 달란트를 가지고 배를 남긴 자나, 두 달란트로 배를 남긴 자나 꼭 같이 "충성된 종아 네가 작은 일에 충성하였으매"라고 하셨음을 보아야 합니다. 그러나 한 달란트 받은 종에게 "이 무익한 종을 바깥 어두운 데로 내쫓으라 거기서 슬피 울며 이를 갈리라 하니라"고 하신 것처럼 심판을 받을 날이 있음을 기억해야 합니다.

야고보 형제는 행하지 않는 믿음은 그 자체가 죽은 것이라 하였습니다. 각기 개성과 특성, 그리고 능력을 주신 하나님을 만난 우리들은 주신 은혜만큼의 영력 안에서 충성을 다하는 자가 되어야 합니다. 각각 그 재능을 따라 열심히 일하여 하나님이 열매를 찾으실 때 풍성한 열매를 드릴 수 있기를 원합니다.

말씀을 생각하며

1. 오늘의 말씀에서 가장 마음에 남는 말씀은 어떤 말씀입니까?

_____

_____

_____

_____

2. 왜 그 말씀이 마음에 남습니까?

_____

_____

_____

_____

3. 오늘 말씀을 읽고, 나의 신앙생활 속에서 고쳐야 할 점은 무엇입니까?

_____

_____

_____

_____

한 주간의 기도제목

나	
가 정	
교 회	

제50과
어리석은 부자

성경 : 눅 12:13-21

찬송 : 211, 304

"또 내가 내 영혼에게 이르되 영혼아 여러 해 쓸 물건을 많이 쌓아 두었으니 평안히 쉬고 먹고 마시고 즐거워하자 하리라 하되 하나님은 이르시되 어리석은 자여 오늘 밤에 네 영혼을 도로 찾으리니 그러면 네 준비한 것이 누구의 것이 되겠느냐 하셨으니 자기를 위하여 재물을 쌓아 두고 하나님께 대하여 부요하지 못한 자가 이와 같으니라."(눅 12:19~21)

가난해서 행복하지 못하다고 생각하는 사람은 부자가 되어도 행복하지 못합니다. 하나님이 주시는 은혜로 말미암아 기쁨이 있고 행복할 수 있습니다. '탐심'은 '더 많은'이라는 말과 '소유하다'라는 말의 합성어로 '만족할 줄 모르는 욕심'을 가리킵니다. 예수님은 탐심의 종이 되어 버린 인생들에게 사람의 생명이 그 소유의 넉넉한 데 있지 않다고 가르쳐 주십니다. 오늘 말씀을 통해서 지혜로운 인생들이 되시기를 원합니다.

1. 자신만을 위해 사는 인생입니다

본문에 나오는 부자는 어떤 도덕적 결함도 없는 자였습니다. 그는 부정 축재를 하여 물질을 모은 것도 아니었습니다. 밭에서 부지런히 일하여 정당한 소출을 얻었습니다. 그러나 아무리 정당한 소득이라 할지라도 부하게 되는 길에는 위험성이 있습니다. 수입을 늘리는 것도 어려운 일이지만 그것을 바르게 쓰는 것은 더욱 어려운 일입니다.

그는 하나님의 은혜로 부자가 된 것은 생각지 못하고 자기 자신의 힘으로 모든 것을 이룬 줄 알았습니다. 불행히도 그는 하나님의 형상을 잃어버린 사람이었습니다. 부(富)의 근원이 하나님이신 줄 깨닫지 못했습니다. 늘어나는 재산으로 말미암아 근심에 빠졌습니다. 그래서

"심중에 어찌할까?" 하면서 불안해하고 있습니다. 그가 궁리 끝에 내린 결론은 지금의 곡간을 헐고 더 크게 짓자는 것이었습니다. 인간의 욕심에는 결코 만족이 있을 수 없습니다.

아무리 소유가 넉넉하다 해도 그것이 편안한 잠을 가져다주지는 못합니다. 우리가 가지고 있는 모든 것은 하나님으로부터 온 것이요, 하나님이 우리에게 빌려주신 것임을 알아야 합니다.

2. 생명의 주인을 알지 못하는 인생입니다

부자의 삶의 자세는 물질에 의존하여 물질로 말미암아 쾌락을 즐기는 것뿐이었습니다. "또 내가 내 영혼에게 이르되 영혼아 여러 해 쓸 물건을 많이 쌓아 두었으니 평안히 쉬고 먹고 마시고 즐거워하자"라고 하였습니다. 진리를 추구하거나 도움이 필요한 자들에게 관심도 가지지 못하고 그에게 베푸신 하나님의 은총과 축복에 대한 감사도 없이 평안히 쉬고 먹고 마시고 즐거워하자고 쾌락의 소리를 높였습니다.

그는 영혼이 육신의 재물로 만족하는 줄로 착각했습니다. 영혼이 육신처럼 음식을 먹고 마시는 것으로 오해했습니다. 영혼의 양식은 하나님의 말씀인 것을 알지 못했습니다. 인간의 영혼을 살찌우는 것은 물질적인 부(富)가 아니라 하나님의 말씀임을 깨닫지 못했습니다.

여러 해 쓸 물건을 많이 쌓아 두었다고 장담하였으나 하나님은 오늘 밤 네 영혼을 도로 찾겠다고 말씀하십니다. 하나님은 자신의 삶에 대해 용의주도하게 계획을 세운 부자에게 "어리석은 자여"라고 말씀하십니다. 그는 여러 해 쓸 물건을 쌓아 두었다 할지라도 오늘 밤 자신이 죽게 되면 그것을 누가 사용할지도 모르는 어리석은 자입니다. 혹시 이 모습이 바로 오늘을 살아가고 있는 저와 여러분의 모습은 아닙니까?

3. 재물을 사용할 줄 모르는 인생입니다

하나님의 선물로 말미암아 주어진 재물을 하나님이 기뻐하시는 선한 일에 사용할 때, 하나님께서는 그를 더욱 윤택하게 하리라고 하셨습니다. 그러나 부자는 자기가 소유한 재물을 그저 먹고, 마시고, 즐기는 것 외에 다른 선한 용도로 사용할 줄 모르는 어리석은 자였습니다.

우리가 물질을 많이 가지고 있는 그 자체는 죄악일 수는 없습니다. 그러나 그 부한 것이 나를 불신앙으로, 정욕으로 빠지게 한다면 그 물질은 일만 악의 뿌리가 되는 것입니다. 어리석은 부자는 하나님이 누리게 하신 부를 가지고 자기만을 위해 사용했습니다. 그는 다른 사람의 궁핍을 생각지 않았습니다. 그는 남에게 줌으로써 얻는 기쁨을 깨닫지 못했습니다. 오히려 그는 주는 데서 기쁨을 찾지 못하고, 지키는 데서 기쁨을 얻으려고 하였습니다.

주님은 "오직 너희를 위하여 보물을 하늘에 쌓아 두라 저기는 좀이나 동록이 해하지 못하며 도둑이 구멍을 뚫지도 못하고 도둑질도 못하느니라"(마 6:20)고 하셨습니다. 하나님을 위해, 선한 일을 위해 물질을 사용하는 자는 하나님께 부요한 자입니다. 우리는 슬기롭고 지혜로운 자가 되어 진정으로 부요하고 신령한 성도들이 되어야 하겠습니다.

말씀을 생각하며

1. 오늘의 말씀에서 가장 마음에 남는 말씀은 어떤 말씀입니까?

_____

_____

_____

_____

2. 왜 그 말씀이 마음에 남습니까?

_____

_____

_____

_____

3. 오늘 말씀을 읽고, 나의 신앙생활 속에서 고쳐야 할 점은 무엇입니까?

_____

_____

_____

_____

한 주간의 기도제목

나	
가 정	
교 회	

제51과
성탄을 맞이하는 신앙

성경 : 눅 3:1-6

찬송 : 118, 122

"선지자 이사야의 책에 쓴 바 광야에서 외치는 자의 소리가 있어 이르되 너희는 주의 길을 준비하라 그의 오실 길을 곧게 하라 모든 골짜기가 메워지고 모든 산과 작은 산이 낮아지고 굽은 것이 곧아지고 험한 길이 평탄하여 질 것이요 모든 육체가 하나님의 구원하심을 보리라 함과 같으니라."(눅 3:4~6)

성탄절은 주님이 우리 가운데 오시기를 기다리다 맞이하는 절기입니다. 오늘 우리는 주님을 만나기 위하여 성전에 나왔습니다. 그런데 놀라운 것은 이 복음이 누구에게나 받아들여지는 것이 아니라 복음을 예비하는 자에게만 주님이 마음에 들어오신다는 사실입니다. 또한 주님이 오시는 길을 평탄케 하는 자만이 주님을 맞이할 수 있습니다.

1. 모든 골짜기가 메워져야 합니다

어느 길이든지 반듯한 길을 만들기 위해서는 패인 골짜기를 메워야 합니다. 마찬가지로 우리의 마음에 주님이 들어오시게 하기 위해서는 마음의 골짜기가 메워져야 합니다. 여러분의 마음은 어떤 골짜기로 움푹 패여 있습니까? 우리 속에 있는 그 어떤 골짜기라도 메워져야 합니다. 좌절과 절망과 불신의 골짜기가 다 메워져야 합니다. 주님이 내 마음에 들어오실 수 있도록 그 어떤 골짜기라도 모두 메워져야 합니다.

흔히 "골이 깊이 패였다"는 말을 합니다. 감정의 골짜기, 미움의 골짜기, 질투의 골짜기들이 메워지지 않고는 주님을 맞을 수가 없습니다. 내 속에 패인 골이 있습니까? 성탄절에 주님을 만나시기 원하신다면 여러분의 절망의 골짜기를 희망으로 메우시기 바랍니다. 불신의 골짜기를 믿음으로 메우시기 바랍니다. 부정적인 골짜기에 확신을 채우시기 바랍니다. 미움의 골짜기에 사랑을 채우시기 바랍니다. 소극적인 골짜기에 적극성을 채우시기 바랍니다. 실패의 골짜기에 성공을 채우시기 바랍니다.

무엇보다도 우리의 마음에 깊이 패인 골짜기를 기도와 말씀으로 메우시기 바랍니다. 그리하여 성탄하신 주님을 만나는 성탄절이 되시기를 바랍니다.

2. 모든 산이 낮아져야 합니다

이는 우리 마음의 높은 산들을 깎아 내야 주님을 볼 수 있다는 말입니다. 교만의 높은 곳을 깎아 내어 겸손하게 낮아져야 합니다. 세상을 사는 데는 우리들의 신분, 학력, 재산, 명예가 참으로 중요합니다. 그러나 이런 것은 주님보다 더 높을 수 없고, 주님보다 더 귀할 수는 없는 것임을 알아야 합니다. 이런 것들이 우리 속에 우뚝 서 있다면 주님께서 자리할 곳이 없습니다.

바리새주의적인 교만, 자기 의를 의지하는 교만, 잘났다고 하는 교만, 뭔가 자기가 이룬 것같이 생각하는 교만한 것들이 낮아져야 됩니다. 그렇지 않고는 오시는 주님을 바로 영접할 수가 없고, "내가 네 죄를 사했느니라." 하시는 말씀도 수용할 수가 없습니다. 복음을 믿고 받아들이는 데 있어서는 겸손해야 함은 물론, 나아가 끝까지 겸손해야 됩니다. 깨끗하게 마음을 비워야 됩니다. 내가 낮아질수록 주님은 높아지는 것이고 그럴 때에야 비로소 높이 계신 주님이 보이는 것입니다.

겸손의 골짜기가 깊을수록 은혜의 봉우리는 높아집니다. 내가 많이 낮아져야만 하나님께서 높아지시는 것이 신앙의 원리입니다. 여러분의 마음과 신앙 인격이 겸손해져서 성탄의 주님을 맞이하시기를 바랍니다.

3. 굽은 곳이 곧게 되어야 합니다

주님을 맞이하려면 마음의 구부러진 부분과 비뚤어진 부분을 곧게 펴야 합니다. 마음이 굽었다는 것은 매사를 비판하기를 좋아하고, 무조건적으로 비방하기를 즐기며, 먼저 부정부터 하는 것을 말합니다. 이런 마음을 바로 잡고 곧게 펴야 주님을 영접할 수 있으며, 모든 사람들과 원만한 인간관계를 유지할 수 있습니다. 굽어진 마음, 갈고리 같은 마음, 편견과 오해로 똘똘 뭉친 마음으로는 주님을 만날 수 없습니다.

꼬부라진 마음에서 시작된 부정적인 요소들은 반드시 자기에게로 돌아오고 맙니다. 꼬부라진 끝은 자기를 향하고, 결국은 자기에게로 돌아오게 됩니다. 미워하면 그 미움이, 원망을 하면 그 원망이, 욕을 하면 그 욕이 자기에게로 돌아오고 맙니다.

우리에게 혹시라도 미운 사람이 있거나 미움 마음이 생기면 먼저 '내 마음이 좁고 비뚤어졌고, 잘못 되었구나.' 생각하고, 하나님께 기도하여 자신을 새롭게 변화시켜야 행복한 삶을 누릴 수 있습니다. 습관적인 비방과 비판은 모두를 불행하게 할 뿐만 아니라 모두를 죽이는 행위임을 알아야 합니다.

성탄절을 맞이하면서 골이 패인 마음을 메우시기 바랍니다. 교만해진 마음을 낮출 수 있기를 바랍니다. 구부러진 마음을 곧게 펴시기 바랍니다. 그래서 하나님의 구원을 보며 복음을 받아들이기를 바랍니다. 또한 무엇보다도 오신 주님을 마음 가득히, 인생 가득히 채우시는 복된 성탄절이 되시기를 바랍니다.

말씀을 생각하며

1. 오늘의 말씀에서 가장 마음에 남는 말씀은 어떤 말씀입니까?

_____

_____

_____

_____

2. 왜 그 말씀이 마음에 남습니까?

_____

_____

_____

_____

3. 오늘 말씀을 읽고, 나의 신앙생활 속에서 고쳐야 할 점은 무엇입니까?

_____

_____

_____

_____

한 주간의 기도제목

나	
가 정	
교 회	

제52과
그대로 두소서

성경 : 눅 13:6-9

찬송 : 94, 405

> "이에 비유로 말씀하시되 한 사람이 포도원에 무화과나무를 심은 것
> 이 있더니 와서 그 열매를 구하였으나 얻지 못한지라 포도원지기에
> 게 이르되 내가 삼 년을 와서 이 무화과나무에서 열매를 구하되 얻
> 지 못하니 찍어버리라 어찌 땅만 버리게 하겠느냐 대답하여 이르되
> 주인이여 금년에도 그대로 두소서 내가 두루 파고 거름을 주리니 이
> 후에 만일 열매가 열면 좋거니와 그렇지 않으면 찍어버리소서 하였
> 다 하시니라."(눅 13:6~9)

성경은 이스라엘 백성을 무화과나무 혹은 포도나무라고 말합니다.
신약에서는 이스라엘 백성뿐만 아니라 믿는 사람들을 그렇게 부르고
있습니다. 왜 하나님은 하나님의 백성들을 무화과나무나 포도나무라
고 하실까요? 그런데 무화과나무와 포도나무는 닮은 점이 많은데, 둘
다 꽃이 없고, 보기에 좋지 않아 관상수도 아닙니다. 그리고 목재감도
아니고, 심지어 땔감도 되지 못합니다. 오직 열매를 얻기 위해 존재하
는 것입니다. 무화과나무에게 열매가 없다는 것은 존재의 가치가 없
는 것입니다. 하나님과 우리와의 관계, 그리고 우리가 어떻게 살아야
되는가를 바로 알아야 하겠습니다.

1. 창조의 목적을 알아야 합니다

우리가 지금 처해 있는 환경, 형편, 건강, 재산 등 모든 상황들은
우리를 향하신 하나님의 목적하신 바가 있습니다. 이것을 신학에서는
섭리라고 말합니다. 하나님은 우리의 모든 것을 지금도 섭리하심으로
그 목적을 이루어가십니다. 우리가 성공하는 것만 섭리가 아니라, 우
리가 망하고 병들고 상처받는 것도 하나님의 섭리라고 할 수 있습니
다. 그래서 우리로 하여금 하나님이 목적하시는 것은 열매를 맺게 하

시는 것입니다.

오늘 말씀은, 주인이 포도밭에 무화과나무를 심어 놓고 가꾸면서 열매 얻기를 원했습니다. 그러나 무화과나무는 3년 동안 열매를 주인에게 내지 않았습니다. 주인은 열매를 얻기 위하여 3년이나 인내한 것입니다.

하나님도 이와 같이 우리가 우리의 잘못됨을 깨닫고 새사람이 되기를 기다리고 계십니다. 우리를 창조하신 목적을 바로 깨달아, 하나님이 기뻐하시는 삶을 살아야 하겠습니다.

2. 금년에도 그대로 두소서

주인은 3년을 기다렸지만 열매가 없습니다. 그러니까 주인은 땅만 버리지 말고 찍어 버리라고 명령했습니다. 하나님의 기다림에도 한계가 있습니다. 정한 시기가 있다는 것입니다. 하나님의 사랑은 우리의 죄의 질이나 양에는 한계가 없지만, 시간에는 한계가 있다는 것을 우리들은 알아야 합니다.

그때 과수원지기가 주인에게 "금년에도 그대로 두소서. 내가 두루 파고 거름을 주리니, 이후에 만일 열매를 열지 않으면 그때 찍어버리소서"라고 간청을 했습니다. 주인의 허락으로 당연히 찍혀야 될 나무가 중보자의 간구로 다시 한 번의 기회를 얻게 되었습니다.

열매 없는 무화과나무를 잘라 버리면 과수원지기는 편합니다. 그러나 그는 무화과나무가 열매를 맺지 못함이 자기 책임이라고 말합니다. 땅을 파고, 거름을 주고, 잘 가꾸어 보겠다고 말합니다. 잘못은 무화과나무에게 있지만 자신이 책임을 지겠다는 것입니다. 우리 신앙인들은 어떤 일이 잘못될 때, 다른 사람의 탓을 하기 전에 내 탓이라는 것을 깨달을 수 있어야 합니다. 세상에서 참으로 필요한 사람은 남의 허물과 상처를 싸매어 주고 덮어 주는 사람입니다.

3. 열매를 맺어야 합니다

사람은 본래 자기 능력의 십분의 일도 사용하지 못한다고 합니다. 그런데 사람은 위급할 때와 큰 감격에 부딪혔을 때 능력이 극대화 됩니다. 사도 바울은 자기의 몸에 병이 있었지만, 예수 그리스도의 십자가를 바라보며 늘 감사하고 기뻐하는 생활을 했습니다. 자기를 대신해서 매를 맞고 십자가에 죽으신 주님을 생각할 때, 자기 같은 더러운 것을 벌레 같은 것을 용서해주신 주님의 사랑을 생각할 때 감격했습니다. 그 감격에 젖어서 살았습니다. 결국 그는 자기 능력을 극대화해서 위대한 일을 감당할 수 있었습니다.

하나님의 사랑을 체험한 사람은 고귀한 일을 얼마든지 감당해 낼수 있습니다. 우리도 주님의 사랑을 깨달으면 우리의 능력을 극대화할 수 있습니다. 지금보다 두 배, 세 배 더 힘 있게 살며, 풍성한 열매를 맺게 될 것입니다. 열매를 찾으시는 하나님의 요구에 풍성한 열매를 드리는 성도들이 되어야 하겠습니다.

말씀을 생각하며

1. 오늘의 말씀에서 가장 마음에 남는 말씀은 어떤 말씀입니까?

_____

_____

_____

_____

2. 왜 그 말씀이 마음에 남습니까?

_____

_____

_____

_____

3. 오늘 말씀을 읽고, 나의 신앙생활 속에서 고쳐야 할 점은 무엇입니까?

_____

_____

_____

_____

한 주간의 기도제목

나	
가 정	
교 회	

*사건과 비유 중심구역공과 신약편

은혜와 나눔이 있는 구역예배

*
인쇄 - 2016년 12월 30일
발행 - 2017년 1월 1일

*
지은이 - 21세기구역공과편찬위원회
펴낸이 - 채 주 희
펴낸곳 - 엘맨출판사

서울시 마포구 신수동 448-6
출판등록 - 제10-1562호(1985.10.29)
*
Tel. / 02-323-4060, 322-4477.
Fax / 02-323-6416
e-mail / elman1985@hanmail.net
*
잘못된 책은 바꾸어 드립니다.
무단복제를 금합니다.
*
값 6,500원